Karl Heinrich Pohl

Die Weimarer Republik

Quellen und Interpretationsvorschläge

WOCHEN
SCHAU
VERLAG

Bibliografische Information der Deutschen Nationalbibliothek

Die Deutsche Nationalbibliothek verzeichnet diese Publikation in der Deutschen Nationalbibliografie; detaillierte bibliografische Daten sind im Internet unter http://dnb.d-nb.de abrufbar.

Das Downloadmaterial zu diesem Buch finden Sie unter:
https://www.wochenschau-verlag.de/Die-Weimarer-Republik/41601
Bitte wählen Sie dort den Reiter „Downloads" an.
Das Passwort zum Öffnen der Dokumente lautet: NmfRK774

www.wochenschau-verlag.de

Titelgestaltung: Ohl Design
Titelbild: Otto Wels als Redner, 1932
© Scherl/Süddeutsche Zeitung Photo
Gesamtherstellung: Wochenschau Verlag
Gedruckt auf chlorfrei gebleichtem Papier
ISBN 978-3-7344-1601-9 (Buch)
E-Book ISBN 978-3-7566-1601-5 (PDF)
DOI https://doi.org/10.46499/2122

Inhalt

Einleitung

Der hier vorgestellte Band versteht sich als Fortsetzung der im Jahr 2020 im Wochenschau Verlag erschienenen knapp 100-seitigen Publikation „Vom Kaiserreich zur Weimarer Republik – Quellen und Interpretationsvorschläge“. Dort wurden sieben zentrale Quellen aus der Zeit zwischen 1900 und 1919 mit Vorschlägen für ihre Interpretation vorgestellt. Dieses neue Buch schließt sich in Inhalt, Umfang, Form und Arbeitsweise der vorherigen Studie an.

Auch diese Veröffentlichung will Geschichte und Geschichtswissenschaft wieder dahin führen, wo alles anfängt, wo es Spaß macht, sich mit Geschichte zu beschäftigen, wo der Umgang mit ihr anregend und motivierend ist: nämlich zu den historischen Quellen und ihrer Interpretation. Sie will damit dazu beitragen, den Blick auf den Umgang mit Quellen zu schärfen und somit die Kritikfähigkeit gegenüber Texten aller Art – kurzum: die kritische Analyse- und Medienkompetenz – erweitern. Der Band richtet sich daher an alle an Geschichte Interessierten, vor allem aber an Lehrer und Lehrerinnen, Schüler und Schülerinnen sowie an Studierende.

Da historische Quellen nicht von sich aus sprechen, sondern durch Fragestellungen und Kontextwissen erschlossen werden müssen, bietet auch dieses Werk ausführliche – allerdings keine bindenden – Vorschläge für eine mögliche Interpretation. Sie sollen helfen, eigene Wege der Quellenanalyse zu erkunden und anregen, neue Analyseansätze zu entwickeln. Es wird daher in den begleitenden Texten vermieden, den Leser in irgendeiner Form zu überwältigen und ihm eine Interpretation aufzunötigen. Die Informationen sind so umfangreich, dass eigene, faktenbasierte und an wissenschaftlichen Kriterien orientierte Auseinandersetzungen mit den Quellen möglich sind.

Versammelt sind in diesem Band sieben zentrale – bekannte und eher unbekannte – Dokumente aus drei Phasen der Weimarer Republik:

Zum einen aus der Krisenphase im Jahr 1923, in der um den Bestand der Republik gerungen wurde. In diesem Kontext werden zwei mögliche Modelle für eine zukünftige Gestaltung der Weimarer Republik diskutiert, die in dieser Zeit möglich erschienen und von wichtigen gesellschaftlichen Gruppen verfolgt wurden: Das sozialistische Modell am Beispiel Sachsens und das faschistische am Beispiel Bayerns.

Zum anderen steht die außenpolitische Orientierung der Republik im Jahr 1925 im Mittelpunkt. Dabei wird die Bedeutung des Vertrages von Locarno aus verschiedenen Perspektiven ins Zentrum gerückt.

Es geht dabei um Innen- und Außenpolitik, um Gegner und Befürworter dieser Politik. Ihr „Macher“, Gustav Stresemann, wird dabei mit seinen nur schwer zu erfassenden Intentionen besonders gewürdigt.

Schließlich geht es im dritten Teil um das Ende der Weimarer Republik. Hier kommen einerseits die wichtigsten und letzten Unterstützer des Weimarer Systems – die Sozialdemokraten – zu Wort, andererseits wird die Rolle bedeutender Industrieller und Agrarier hervorgehoben, die die Republik in ihrer bestehenden Form ablehnten. Auch hier stehen – wie bei der Auswahl aller Quellen – Kontroversität und Multiperspektivität im Mittelpunkt der Betrachtung.

Alle Quellen können im Zusammenhang des gesamten „Quellenbündels“, aber auch jeweils einzeln bearbeitet werden. Durch den Aufbau des Bandes – der für einen engen Zeitraum mehrere Quellen anbietet – kann es allerdings vorkommen, dass sich einige Redundanzen bei Einordnungen und Analyseanregungen ergeben.

Die Vorschläge zum Umgang mit jeder einzelnen Quelle sind jeweils in sich abgeschlossen. Die Interpretationsangebote variieren allerdings immer ein wenig, sind der Besonderheit der jeweiligen Quelle angepasst. Das Gesamtgerüst für die Interpretation ist jedoch bei allen Quellen ähnlich aufgebaut. Das soll eine gewisse Sicherheit bei der Analyse vermitteln, ohne aber eine selbständige Arbeit einzuschränken.

Eine wie hier intendierte Quellenarbeit passt (leider) kaum noch in den gegenwärtigen schulischen – aber auch akademischen – Alltag. Trotzdem aber sollte die Gelegenheit gesucht werden, und dafür steht dieser kleine Band, zumindest ein- oder zweimal in außergewöhnlich intensiver Weise an historische Quellen heranzugehen und sie wissenschaftsnah zu bearbeiten. Das kostet viel Zeit, bedarf großer Geduld und zugleich intensiver Bemühungen. Aber hin und wieder sollte es doch möglich sein. Denn: Es lohnt sich – wie ich hoffe.

Kiel, im Herbst 2023

Karl Heinrich Pohl

Das „linksrepublikanische Projekt“ in Sachsen

Die Quelle: Regierungserklärung des Sächsischen Ministerpräsidenten Dr. Erich Zeigner, 12. Oktober 1923

„Meine Damen und Herren! Die *Regierung* hat sich *umgebildet.* Die Herren Minister *Heldt* und *Fellisch* sind ausgeschieden. An ihre Stelle sind Herr *Landtagsabgeordneter Böttcher* und Herr *Fritz Heckert* getreten. Seit dem 15. August führt Herr *Neu das Justizministerium.* Alle drei Herren haben den Eid auf die Reichsverfassung und die Landesverfassung geleistet.

Die neugebildete Regierung ist die Regierung der republikanischen und proletarischen Verteidigung. Die werktätigen Schichten ganz Deutschlands sind auf das Schwerste bedroht.

(Sehr richtig! Bei den Kommunisten.)

Herr Dr. v. Kahr und Graf Westarp haben das Losungswort gegeben: „Nieder mit dem Marxismus!“ und damit nicht nur dem Sozialismus, nicht nur der Arbeiterschaft, sondern allen proletarischen und republikanischen Schichten den offenen Kampf angesagt.

(Sehr richtig! Bei den Kommunisten.)

Diese Kreise hinter dem bayrischen Generalkommissar und der Deutschnationalen Partei verschleiern kaum noch ihre wirtschaftlichen und militärischen Vorbereitungen für die Niederschlagung der werktätigen Bevölkerung. Das Großkapital in Industrie, Finanz und Landwirtschaft ist zur Offensive übergegangen. Viele Tausende von Arbeitern und Angestellten sind auf die Straße geworfen worden; sie sollen durch eine radikale Hungerkur willfährig gemacht werden gegenüber jedem Ausbeutungsfeldzug und allen Herrschaftsinstinkten.

(Sehr richtig! Links.)

Schwerindustrielle Kreise des Ruhrgebietes diktieren den Zehnstundentag und verhandeln gleichzeitig mit den französischen Okkupationsbehörden in der kaum verhüllten Absicht, sich auf fremde Bajonette gegen deutsche Arbeiter zu stützen.

(Lebhaftes sehr richtig! Links.)

Der Zusammenbruch der Politik dieser Kreise im Inneren und Äußeren soll verschleiert, die fürchterlichen Schäden dieser Politik sollen auf die großen Massen abgewälzt werden.

Demgegenüber erklärt die sächsische Regierung: sie wird sich jederzeit als die Regierung der gesamten werktätigen Bevölkerung fühlen und betätigen. Ihre besondere Sorge soll den Ärmsten gelten, all den proletarisierten Schichten, die ohne staatlichen Schutz überhaupt zugrunde gehen müssen. Gestützt auf die Arbeiter und Angestellten, die Beamten, die Angehörigen der freien Berufe, Kleinbauern

(Aha! Bei den Deutschnationalen.)

und die sinkenden Mittelschichten, will sie die Gefahr einer großkapitalistischen Militärdiktatur verhindern und den Bürgerkrieg vermeiden. Das kann aber nur gelingen, wenn die Bevölkerung sich, trotz der Einschränkungen der Pressefreiheit nicht irreführen läßt

(Lachen rechts.),

wenn sie einig ist in der entschlossenen Abwehr aller Diktaturgelüste.

(Sehr richtig! Links und bei den Demokraten.)

Um ihren Abwehrkampf führen zu können, wird die sächsische Regierung den Staatsapparat weiter energisch säubern von allen, die für die verfassungswidrige Diktatur des Großkapitals offen oder versteckt tätig sind. Sie rechnet bei ihrem Kampf gegen die Feinde der Republik nicht nur mit den staatlichen Machtmitteln, sondern erwartet die opferbereite Mitarbeit aller proletarischer Schichten und ihrer Organisationen. Diese Organisationen mit allen Kräften zu fördern, wird eine der wichtigsten Aufgaben der Regierung sein.

(Lebhaftes Bravo! Links.)

Im Reich wird sich die sächsische Regierung mit aller Energie dafür einsetzen, daß wirtschaftliche und finanzielle Maßregeln getroffen werden, die geeignet sind, den Verfall der Mark

(Lachen bei den Deutschnationalen.),

unserer Staatsfinanzen, der gesamten wirtschaftlichen und kulturellen Kräfte zu bannen. Mit aller Energie wird sie für die Erfassung der Sachwerte, für die Produktionskontrolle, für die Erhaltung des Achtstundentages und die Erfassung der Devisen eintreten. Sie wird sich dafür einsetzen, daß die Rechte der Arbeiter, vor allem der Betriebsräte und Gewerkschaften, geschützt und erweitert werden. Sie erwartet hierbei die Unterstützung der gesamten schaffenden Bevölkerung.

Innerhalb ihres Machtbereiches wird sie, mit allen zur Verfügung stehenden Mitteln, gegen unberechtigte Betriebsstillegungen einschreiten und Maßnahmen ergreifen, welche die Wiedereröffnung stillgelegter Betriebe ermöglichen.

(Bravo! Bei den Kommunisten.)

Bei der Reichsregierung wird sie nachdrücklichst, wie bisher, auf ausreichende Unterstützung der Arbeitslosen und Kurzarbeiter und zeitgemäße Erhöhung der Renten der Kriegsverletzten, Hinterbliebenen, Sozialrentner und Kleinrentner hinwirken.

Mit banger Sorge denken wir des kommenden Winters. Es wird daher weiter versucht werden, die Lebensmittelversorgung durch Beschaffung von Brotgetreide und Kartoffeln aus anderen Ländern sicherzustellen.

Durch die rücksichtslose Interessenpolitik der hochkapitalistischen Kreise Deutschlands und durch das dreiste Auftreten der faschistischen Organisationen ist die Einheit des Deutschen Reiches auf das Schwerste bedroht.

(Sehr richtig! Bei den Sozialdemokraten.)

In Bayern und im besetzten Gebiete erhebt der Separatismus sein Haupt. Monarchisten und Schwerindustrielle verbinden sich mit dem Landesfeind, um ihre Profitherrschaft weiterhin aufrechterhalten zu können.

(Sehr richtig! Bei den Sozialdemokraten.)

Demgegenüber erklärt die sächsische Regierung: Wir stehen zum Reich und werden für die Einheit Deutschlands bis zum äußersten kämpfen.

(Bravo! Und Sehr gut! Links.)

Wir sind überzeugt, daß unser Ruf zur Sammlung und zur Abwehr im gesamten Volke Widerhall finden wird. Wir erwarten von der Disziplin und dem Opfermut des Volkes, daß es gelingen wird, über alle Volksfeinde zu siegen und in eine bessere Zukunft hinüberzuführen.

(Lebhaftes Bravo! Links.)

Quelle: Verhandlungen des Sächsischen Landtages 1923. Zweiter Band, 57. Sitzung, 12. Oktober 1923, S. 1578, Dresden 1924.

Historische Einordnung

Das Jahr 1923 ist im politischen Selbstverständnis der meisten Deutschen ein Katastrophenjahr gewesen. Es steht für Hyperinflation, einen gewaltigen wirtschaftlichen Einbruch, der für sehr viele Menschen den Sturz in Armut und Elend bedeutete. Es steht für Besetzung von Rhein und Ruhr, gefährdete Reichseinheit und nicht zuletzt den Hitlerputsch in Bayern. Das Jahr steht allerdings auch für die Ereignisse in Sachsen. Die Politik der linken sächsischen Regierungen habe, so das herrschende Narrativ, durch ihren antikapitalistischen/sozialistischen Kurs das Land destabilisiert, dem Einfluss der Kommunisten

Tür und Tor geöffnet und gar einem kommunistischen Putschversuch Vorschub geleistet. Nur der „Sachsenschlag" der Reichswehr habe den Bestand der Republik bewahrt und das Reich vor Chaos und Kommunismus gerettet.

Die hier vorgestellte Quelle befasst sich mit dieser Krisensituation in Sachsen. Die Regierungserklärung könnte das gängige Urteil allerdings vielleicht revidieren. Die sächsische, demokratisch legitimierte Regierung Zeigner mit ihrem „linksrepublikanischen Projekt" (Karsten Rudolph) hätte möglicher Weise ein Motor für eine weitere demokratische Entwicklung in Sachsen und dem Reich sein können. Ihre Intention bestand darin, Staat und Gesellschaft gründlich zu reformieren und die „steckengebliebene" Revolution von 1918/19 weiterzuführen. Das Land sollte im Sinne einer Transformation in eine soziale Demokratie weiter entwickelt werden. Grundlage dafür war ein lockeres, in Weimar allerdings mehrheitlich meist abgelehntes, parlamentarisches Bündnis von Sozialisten und Kommunisten.

Kontext und Rahmenbedingungen

Das Jahr 1923 war innenpolitisch vor allem durch einen politischen Rechtsruck, die Inflation und eine schwere Wirtschaftskrise gekennzeichnet. Hunger und Not stellten auch in Sachsen das größte Problem dar. Der nahezu freie Fall in die Armut förderte bei der Mehrheit der sächsischen Arbeiterschaft den Wunsch nach prinzipiellen Veränderungen. Deswegen entschlossen sich die sächsischen Sozialisten – als stärkste politische Kraft – mit Hilfe der im Lande zahlenmäßig schwachen und eher gemäßigten KPD, einen Politikwechsel zu erzwingen. Durch das Linksbündnis hofften sie, eine neue sozialistische Politik durchsetzen zu können. Zugleich hoffte die SPD, die Kommunisten auf diese Weise in das demokratische Weimarer System einbinden zu können.

Sowohl in Sachsen als auch im Reich waren jedoch alle bürgerlichen und rechten politischen Gruppierungen bis weit in die Kreise der Sozialdemokratie hinein – vor allem „die" Industrie – erbitterte Gegner einer solchen Politik. Insbesondere lehnten sie eine Kooperation der Sozialdemokratie mit den Kommunisten strikt ab. Das galt auch für die Reichsregierung, die von einer großen Koalition unter Gustav Stresemann getragen wurde und an der auch die Sozialdemokraten maßgeblich beteiligt waren. Sie alle fürchteten eine mögliche Bolschewisierung Deutschlands mehr als eine drohende Rechtsdiktatur.

Der Eintritt der Kommunisten in das sächsische Kabinett – über den die Quelle berichtet – bot den Gegnern dieser sächsischen Politik dann einen geeigneten Anlass, um die linke sächsische Regierung zu stürzen. Im Oktober, wenige Tage nach dieser Rede und nach dem Einmarsch der Reichswehr in Sachsen, entmachtete die Reichsregierung die sächsische Regierung und nahm deren führende Köpfe fest.

Quelleninterpretation

Überlieferung, Quellensorte und Quellenwert

Der Text entspricht dem Stenographischen Protokoll der Verhandlungen des Sächsischen Landtages. Allerdings geht bei der Wiedergabe einer mündlichen Rede in einem Lesetext etwa die Gestik des Redners, der Einsatz seiner Stimme oder der Prozess der Interaktion zwischen Redner und Zuhörern verloren. Das ist insbesondere dann von Bedeutung, wenn ermittelt werden soll, wie groß sich Ablehnung oder Zustimmung bei den Ausführungen des Redners akustisch bemerkbar machten.

Die Rede konnte aber wohl völlig ungestört gehalten werde. Eingriffe des Parlamentspräsidenten, eines Politikers der DVP, Wilhelm Bünger, waren nicht nötig. Das war für das Jahr 1923 höchst ungewöhnlich, denn in dieser Zeit wurden die parlamentarischen Regeln häufig von ganz links (KPD) und ganz rechts (DNVP) bewusst verletzt. So etwa bei der Wahl Zeigners zum Ministerpräsidenten wenige Wochen zuvor. Dort hatte die politische Opposition (DNVP) den Sitzungssaal provokativ und lärmend verlassen.

Vor allem der Ministerpräsident bemühte sich in seiner Rede, die Regularien der parlamentarischen Demokratie einzuhalten. Auch die Kommunisten fielen diesmal nur durch parlamentarisch gezähmte Zustimmung, nicht aber durch einen Versuch auf, die Sitzung zu stören oder diese gar zu sprengen. Nicht zuletzt zeigte sich auch die politische Rechte weitgehend diszipliniert.

Die Art und Weise, in der die Regierungserklärung im Parlament aufgenommen wurde, belegt, dass alle Parteien bemüht waren, zumindest formal und nach außen hin, das System der parlamentarischen Demokratie zu akzeptieren. Diese Haltung ist umso bedeutender, wenn man die Zusammensetzung des neuen Kabinetts, den geradezu revolutionären Inhalt der Rede und die besonderen politischen Umstände berücksichtigt.

Zeigners Rede vermied – im Gegensatz zu dem üblichen Vortragsstil im Parlament – fast jede parteipolitische Polemik. Sie zeichnete sich geradezu durch „Understatement" aus. Diese parteipolitische Zurückhaltung war sicherlich gewollt, denn Zeigner stellte in seiner Regierungserklärung das neue, umgebildete Kabinett vor, in dem das erste Mal in der sächsischen Geschichte Kommunisten vertreten waren. Diese Tatsache sollte nicht noch durch eine besondere Erwähnung betont werden. Zeigner wollte für eine „normale" und keine „Skandalregierung" sprechen.

Die Rede stellte im Wesentlichen ökonomische Probleme, vor allem aber die Bedeutung der „Klassengesellschaft" in Deutschland in den Mittelpunkt. Zeigner betonte die wirtschaftliche Not der Unterschichten, verursacht durch den herrschenden Kapitalismus. Seine Ausführungen waren dementsprechend durch einen klaren „Klassenbezug" gekennzeichnet. In diesem Sinne verwendete er ein überwiegend sozialistisches, klassenkämpferisches Vokabular, das z.T. dem offiziellen Vokabular der Kommunisten ähnelte.

Es dominierte die Sprache des gewaltsamen Kampfes gegen die kapitalistische Welt, gegen das Bürgertum, gegen den aufziehenden Faschismus und gegen alles Reaktionäre. Die Rede glich insofern eher einem sozialistischen Pamphlet als der staatsmännischen Rede eines „Landesvaters". Form und Inhalt des Vortrages stehen daher in einer gewissen Spannung zueinander.

Der protokollierte Beifall für den Beitrag kam – nicht verwunderlich – vor allem von den Kommunisten und den Sozialisten, nur einmal auch von den Linksliberalen. Er spaltete ganz offensichtlich zwischen „links" und „rechts", zwischen „Kapitalisten" und „Arbeitern". Trotzdem aber bekannte sich der Redner – entgegen den oft geäußerten Vorstellungen der Kommunisten – positiv zur Demokratie und zur Einheit des Reiches. Kritik an diesen Passagen durch die Kommunisten war nicht zu hören. Das ist auffällig.

Vor allem aber überrascht die Kürze der Rede. Das Parlament hätte viel Informationsbedarf angesichts der angekündigten neuen sächsischen Politik gehabt. Über die Umbildung des sächsischen Kabinetts – das eigentlich sensationelle Ereignis – und den damit verbundenen Konsequenzen fielen jedoch nur dürre Worte. Das könnte eine bewusste Taktik gewesen sein, um die allgemeine Erregung nicht noch zusätzlich anzuheizen. Es könnte aber auch als ein Zeichen der Schwäche gedeutet werden: Der Ministerpräsident traute sich nicht – wie die Opposition vermutete – seine revolutionäre Politik und vor allem seine neuen, kommunistischen Mitstreiter einer öffentlichen Diskussion auszusetzen.

Zudem wurde in der Rede verschwiegen oder nur höchst verschleiert erwähnt, worum es bei dem „linksrepublikanische Projekt" inhaltlich ging. Der Konflikt, der in Sachsen wegen dieses gravierenden Politikwechsels tobte, wurde geradezu unterschlagen. Auch die politische Sensation, die eine linke Arbeiterregierung mit Einschluss der KPD darstellte, wurde kaum thematisiert. Um diese Diskrepanz zu erklären und Umfang und Zielrichtung des „linksrepublikanischen Projektes" erkennen sowie in seiner Bedeutung einschätzen zu können, ist viel Hintergrundwissen notwendig. Insofern handelt es sich bei diesem Text um eine sehr schwer zu interpretierende Quelle.

Redner

Erich Zeigner (1886–1949) stammte aus einer Erfurter bildungsbürgerlichen Familie. Nach dem Abitur studierte er Jura in Leipzig, wo er 1913 auch promovierte. Aus gesundheitlichen Gründen war er nicht kriegstauglich und im Krieg in der Etappe tätig. In dieser Zeit wandte er sich, wie viele Männer seiner Alterskohorte, dem Sozialismus zu. Erst 1918 trat er der (M)SPD bei, also nicht etwa der linken USPD. Die SPD, Zeigners Partei, bekannte sich immer ausdrücklich zu Demokratie und Parlamentarismus. Das bildete die Grundlage seiner Überzeugungen und seiner Politik – auch im Jahr 1923.

Die juristische Qualifikation ebnete Zeigner den politischen Weg. Bereits mit 35 Jahren wurde er Justizminister und mit 37 Jahren Ministerpräsident. Diese steile Karriere, gestützt von einem kompromisslosen linken Kurs, wurde von einer jungen Generation von Sozialdemokraten (mit) getragen, die mit den Konzessionen der Novemberrevolution aufräumen wollte, um auf einem demokratischen Wege eine neue Gesellschaftsordnung durchzusetzen. Das unterschied sie von den alten Genossen, aber auch von den Kommunisten – natürlich noch deutlicher von den Konservativen und dem Bürgertum.

Allerdings blieb die Basis für diese linke Politik immer labil. Die SPD in Sachsen war in den 1920er Jahren tief gespalten, zwischen meist „älteren", „altgedienten" Konservativen, die auf Reformen setzten und eine Zusammenarbeit mit den Kommunisten grundsätzlich ablehnten, und den „jungen" Linken, die Staat und Gesellschaft radikal auch mit Hilfe der Kommunisten verändern wollten. Die Gruppe der „Jungen" besaß allerdings kaum sozialistischen „Stallgeruch", was für die Verankerung in der Partei wichtig gewesen wäre. Der „bürgerliche" und zugleich junge Aufsteiger Zeigner konnte insofern im Parteiapparat nur auf einen geringen Rückhalt rechnen.

Problematisch schien auch das Verhalten des Kooperationspartners, der KPD. Sie war weniger an einer Zusammenarbeit auf demokratischer Ebene interessiert, als daran, mit einem Staatsstreich Sachsen (und dann das Reich) zu stürzen. Die KPD unterstützte das Projekt daher nur halbherzig. Nicht zuletzt waren Bürgertum, Konservative und fast alle Liberalen erbitterte Gegner des neuen Kurses, von der sächsischen Industrie und ihrem Interessenverband, dem VSI (Verband Sächsischer Industrieller) ganz abgesehen.

Das Land war also tief gespalten in der Beurteilung der neuen Politik. Dass die Reichsregierung und vor allem die Reichswehr, die sich durch die Politik Zeigners besonders attackiert sah, den Linkskurs vollständig ablehnten, ergab sich fast von selber. Unter diesen Umständen war es geradezu ein Wunder, dass das Projekt überhaupt zustande kam, einige Wochen arbeiten konnte und schließlich nur durch militärische Gewalt, nicht aber weil es politisch gescheitert war, zerstört wurde.

Adressaten

Der Kreis der Adressaten der Rede reichte vom sächsischen Parlament bis nach Berlin. Die Ansprache zielte aber vor allem auf die Arbeiter in Sachsen und in Deutschland ab. Zeigner wollte die Arbeiterklasse, die eigene Partei und vor allem die KPD in seine Politik einbinden. Die Mehrheit der SPD-Fraktion hatte dieser Politik ja nur aufgrund des Druckes der „Jungen" zugestimmt. Für sie war das streng sozialistische Vokabular des Redners gedacht, der Kampf für die Arbeiterschaft, die Verbesserung ihrer Lebensbedingungen, die Betonung des Kampfes gegen die Reaktion und den Kapitalismus. Diese Diktion zeichnete allgemein linke Politik aus und betonte das Gemeinsame mit der KPD, ohne diese Partei direkt zu erwähnen. Die Arbeiterklasse sollte als Einheit dargestellt, die SPD-Fraktion zugleich nicht unnötig provoziert werden.

Mit diesem betont sozialistischen Sprachgebrauch sollte aber vor allem die sächsische KPD bei der Stange gehalten werden. Diese musste nämlich ihre Regierungsbeteiligung nicht nur gegenüber einem großen Teil ihrer sächsischen Anhängerschaft, sondern auch gegenüber ihren Parteiführungen in Berlin und Moskau rechtfertigen. Dort plante man einen militärischen Aufstand, der in Sachsen von den regionalen KPD-Reformern aber abgesagt wurde, in Hamburg jedoch in einem Fiasko endete. Die KPD in Sachsen befand sich also in einer schwierigen Lage, ihre Haltung wurde in Berlin und Moskau scharf beobachtet.

Aus diesen Gründen formulierte Zeigner – Form und Inhalt betreffend – eine klare Kampfansage an den Kapitalismus, an den überbordenden Nationalismus und an die Reaktion und damit an alle bürgerlichen und konservativen Parteien. Der bewusste Bruch mit ihnen wurde nicht versteckt. Allerdings versuchte Zeigner, den Konflikt nicht auch noch durch konkrete parteipolitische Angriffe weiter zu eskalieren. Vor allem aber bekannte er sich ausdrücklich zu Demokratie und Parlamentarismus, was die KPD wohl nur ungern hörte, ebenso wie die Bemerkung, dass alle neuen Minister – auch die Kommunisten – den Eid auf die demokratischen Verfassungen Sachsens und des Reiches geleistet hatten. Das brachte sie gegenüber Berlin und Moskau in höchste Bedrängnis.

Nicht zuletzt mischte sich Zeigner mit seiner Rede auch in die Reichspolitik ein. Das „sächsische Modell" sollte offenbar innen- wie außenpolitische Strahlkraft entfalten. Die deutsche Außenpolitik sollte defensiver, die Interessen der Arbeiter stärker als die des Kapitals berücksichtigt werden. Dass diese Passagen von der Reichsregierung nicht nur inhaltlich abgelehnt, sondern auch als unzulässige Einmischung in fremde Befugnisse, geradezu als Landesverrat aufgefasst wurden, verwundert nicht.

Hinweise zur Interpretation

Die Rede stellte wichtige ökonomische Gesichtspunkte der neuen sächsischen Politik in den Mittelpunkt, ließ jedoch viele politische Aspekte aus. Die eigentliche Substanz des „linksrepublikanischen Projektes" die – neben der konkreten Verbesserung der Lage der Arbeiter – noch viel weiter reichende strukturelle Konsequenzen besaß, kam eher am Rande vor. Um dieses Projekt und seine Verteidigung aber ging es dem Redner im Wesentlichen.

Die Regierung wollte die ökonomischen, politischen und kulturellen Machtverhältnisse in Sachsen geradezu auf den Kopf stellen. Nur auf diese Weise glaubte sie, der drohenden Gefahren Herr werden zu können, vor allem auch der faschistischen Gefahren aus Bayern – direkt an der sächsischen Grenze gelegen. Die sächsische Regierung signalisierte in aller Deutlichkeit, dass sie die bedrohten Rechte aller proletarischen und republikanischen Bevölkerungsschichten verteidigen und die demokratische Weimarer Republik retten wollte.

Gemäß ihrer Ideologie verortete sie vor allen im Kapitalismus die Wurzel allen Übels. Daher sollte der Einfluss der Arbeiter überall, besonders aber die Position der Freien Gewerkschaften, gestärkt, der der

Unternehmer deutlich eingeschränkt werden. Die Macht der staatlichen Institutionen sollte im Kampf gegen – und nicht mehr für – das Kapital eingesetzt, der Staatsapparat in diesem Sinne gesäubert und instrumentalisiert und von allen Anhängern der Reaktion befreit werden. Das kapitalistische System selber sollte jedoch – das wurde auch deutlich – nicht grundsätzlich abgeschafft, sondern nur erheblich modifiziert werden.

Allerdings ließen die wirtschaftlichen Umstände die Verwirklichung der Ziele nur sehr eingeschränkt zu. Die Not musste erst einmal durch, in der Rede mehrfach angedeutete, konkrete Maßnahmen eingedämmt werden. Die wirtschaftliche Lage verbot daher anfangs jegliche Experimente in diesem Bereich. Konkret galt es vor allem den 8-Stunden-Arbeitstag zu verteidigen, der von der Schwerindustrie im Ruhrgebiet bereits untergraben worden war. Auch das Instrument der Gewerbeaufsichtsbeamten – in der Rede nicht direkt genannt – wurde demokratisiert, seine Machtbefugnisse erweitert. Die Position der Gewerkschaften sollte dort deutlich gestärkt werden, zum Schrecken der Unternehmer. Diese Vorhaben sowie die Erhöhung der Sozialhilfe, die Beteiligung der Arbeiter an Betrieben u.a. wurden von Zeigner ausdrücklich als Ziel der neuen Regierung hervorgehoben – und auch praktisch in Angriff genommen. Alle diese Maßnahmen wurden jedoch von der sächsischen Industrie und ihren Vertretern im Parlament (DVP, DNVP) abgelehnt, sabotiert und schließlich durch die aktuelle Notlage ausgebremst.

Wichtiger aber war, was die Regierung darüber hinaus anstrebte, was Zeigner in seiner Rede jedoch nur sehr vage andeutete. Hinter dem Begriff „Säuberung des Staatsapparates“ versteckte sich etwa eine revolutionäre, partiell bereits eingeleitete Polizeireform, die von Unternehmern, Bürgertum und Konservativen geradezu mit Entsetzen aufgenommen wurde. Die Polizei, seit Jahrzehnten ein Instrument zur Unterdrückung der Arbeiter und ihrer Organisationen, wurde vollständig umstrukturiert, demokratisiert und wenigstens zum Teil durch einen neuen Beamtenkörper ersetzt. Sie sollte fortan vor allem als Partner der Arbeiter und nicht mehr als „Büttel der Unternehmer“ fungieren.

Über die Reform der Polizei hinaus verbarg sich hinter den Begriffen „Säuberung des Staatsapparates“, „Schutz der proletarischen Schichten“ und „opferbereite Mitarbeit aller proletarischen Schichten und ihrer Organisationen“ zudem eine komplette Neuorganisierung der inneren Sicherheitskräfte. Gemeint war damit z.B. der Aufbau von

„Proletarischen Hundertschaften". Diese wurden zum Schreckgespenst für alle Bürger und Unternehmer nicht nur in Sachsen, sondern auch zum Wunschgebilde der Kommunisten, die hofften, daraus eine kommunistische Terrorgruppe schmieden zu können. Das aber blieb nur ein Traum, denn überall in den „Proletarischen Hundertschaften" stellten Sozialdemokraten die Mehrheit, die streng auf legales Handeln achteten und jeglichen revolutionären Akt ablehnten.

Die im Prinzip unbewaffneten proletarischen Hundertschaften bestanden aus Sozialdemokraten und Kommunisten, besaßen polizeiähnliche Funktionen und stellten zugleich eine Gegenmacht gegen die geheimen rechtsradikalen Verbände in Sachsen dar. Sie vermittelten in Konflikten zwischen Unternehmern und Arbeitern. Damit wurde die bisherige Rolle der Polizei geradezu in ihr Gegenteil verkehrt. Nicht mehr die Arbeiter, sondern die Unternehmer mussten sich nun vor den Polizeiorganen rechtfertigen.

Unter der Regierung Zeigner entwickelte sich eine Polizeistrategie, die als Erstes die Rechte der protestierenden Arbeiter und eher peripher „Leib und Leben" der Unternehmer schützte. Das war zweifellos ein entscheidender Paradigmenwechsel in der staatlichen Gewaltausübung. In seiner Folge wurden nun z.B. nicht mehr Aktionen der Arbeiter zur Hebung der Löhne nahezu automatisch geahndet, sondern das Wohl der Arbeiter in den Mittelpunkt gestellt. Dabei ergaben sich teilweise neue und scharfe Konfliktsituationen. Kein Wunder also, dass sich Zeigner bei diesem grundsätzlichen Dissens in seiner Regierungserklärung eher bedeckt hielt – eine Taktik, die seine Rede konsequent durchzieht.

Zugleich sollte – dieser besonders wichtige Punkt wurde in diesem Zusammenhang überhaupt nicht angesprochen – die kulturelle Hegemonie der alten konservativen Eliten und der Kirche im Staat aufgebrochen werden. Das bereits neu installierte demokratische Schulsystem, das dem Modell einer heutigen Gesamtschule weitgehend entsprach, verwirklichte ein Jahrzehnte altes Ziel der Sozialdemokratie: Eine Schule für alle, Schulgeldfreiheit, Koedukation und Arbeitsschule. Der massive Einfluss der Kirche, deren reaktionäre Politik die Reformer besonders störte, wurde damit deutlich verringert. Das führte zu einem Kulturkampf, wie ihn das Land noch nie erlebt hatte. Das aber fand ebenfalls keine Erwähnung in der Regierungserklärung.

Zugleich positionierte sich die Linksregierung auch in der Außenpolitik, ein doch sehr verwegenes Ansinnen für ein relativ kleines Land wie Sachsen. In der Rheinlandpolitik ging es ihr um die Koppelung von passivem Widerstand mit einer konstruktiven und offenen Verhandlungspolitik gegenüber den Franzosen. Der passive Widerstand, unter dem Sachsen erheblich litt, sollte aufgegeben werden, ein Ansatz, dem die Regierung Stresemann alsbald folgte. Vor allem aber wollte Zeigner verhindern, dass die Kosten der zu erwartenden Sanierung der Reichsfinanzen im Wesentlichen von der arbeitenden Bevölkerung getragen werden mussten.

Beurteilung, Einordnung, Würdigung

Die Regierungserklärung Zeigners stellte eine mehr als deutliche Kampfansage an Bürgertum, Konservative, Unternehmer, Kirche und politische Rechte, aber auch an die Reichsregierung dar. Allerdings war davon in der Rede selbst kaum etwas konkret zu hören. In ihr versuchte Zeigner nur ganz allgemein, die ökonomischen Probleme und die Abwehr der Reaktion in den Mittelpunkt zu stellen, das (ganze?) Volk im Kampf gegen diese Entwicklung zu mobilisieren, es auf harte wirtschaftliche Zeiten (verschuldet durch Reaktion und Kapitalismus) einzuschwören. Auf diese Weise sollten Demokratie und Reichseinheit (dies bezog sich auf die Probleme in Bayern und im Ruhrgebiet) gesichert werden. Insofern definierte Zeigner das „sächsische Modell“ als den Versuch, die Demokratie und die Einheit Deutschlands zu retten, den Faschismus abzuwehren und die Macht des Kapitalismus einzudämmen.

Diese revolutionäre Politik wurde von der sozialistischen Basis weitgehend gestützt, trotz der dem Projekt entgegen stehenden politischen und ökonomischen Rahmenbedingungen. Die in Sachsen in Jahrzehnten gewachsenen „linken“ politischen Vorstellungen sollten nun endlich – so deren Wille – verwirklicht werden, auch gegen den Willen einer starken bürgerlich-konservativen Minderheit und der Macht der Industrie. Es galt zugleich, das heimliche Wirken der „Schwarzen Reichswehr“ zu unterbinden. Diese bekämpfte – offen oder geheim – alles „Linke“, trieb überall im Land ihr Unwesen und arbeitete auf den Sturz der sächsischen Regierung hin. Kurzum: Demokratie, Sozialismus und Reichseinheit sollten gesichert werden und das mit Hilfe einer – wenn auch nicht ganz sicheren – parlamentarischen Mehrheit.

Die Gefahren, die ein solcher Umbruch in den Wirren des Jahres 1923 mit sich brachte, die Bedrohung für die Demokratie, die von einer kommunistischen Regierungsbeteiligung ausgehen konnte, wurden allerdings nicht thematisiert, möglicherweise auch unterschätzt.

Auch zur weiteren Spaltung der Gesellschaft, die durch diese radikale Wende vertieft werden musste, gab es keinen Kommentar. Die Regierung fühlte sich offenbar auf dem richtigen Weg. Taktische Rücksichten wurden von ihr nicht genommen.

Unbeantwortet bleiben muss daher die Frage, ob die Gesellschaft insgesamt bereit war, ein solches Projekt mitzutragen. Zudem ist zu bedenken, ob in einem kleinen Land, wie Sachsen es war, eine solche Politik gegen den Reichstrend verwirklicht werden konnte. Hinzu kam das Problem, dass die neue Politik nur zusammen mit den höchst unzuverlässigen, die Demokratie nur widerwillig tragenden Kommunisten umgesetzt werden konnte. Diese planten schließlich die Weltrevolution auch in Sachsen.

Die Realisierungschancen des Projektes sind daher kaum einzuschätzen. War das „linksrepublikanische Projekt" zukunftsweisend, hätte es die Demokratie von Weimar vielleicht retten können oder aber war es nur eine linke politische Utopie, das Reich in seiner Substanz gefährdend? Wäre der Weg der Reformen doch der bessere gewesen als der des totalen Umbruchs?

Literaturhinweise

Hermann, Konstantin/Schmeitzner, Mike/Steinberg, Swen (Hg.): Der gespaltene Freistaat. Neue Perspektiven auf die sächsische Geschichte 1918 bis 1933, Leipzig 2019.

Pohl, Karl Heinrich: Sachsen 1923. Das *linksrepublikanische Projekt* – eine vertane Chance für die Weimarer Demokratie?, Göttingen 2022.

Das faschistische Modell der Nationalsozialisten

Die Quelle: Aufruf der Reichsregierung anlässlich des Hitler-Putsches, 9. November 1923

Berlin, den 9. November 1923
An das deutsche Volk!

In der Zeit größter außen- und innenpolitischer Bedrängnis haben sich Verblendete ans Werk gemacht, um das Deutsche Reich zu zerschlagen. In München hat eine bewaffnete Horde die bayerische Regierung gestürzt, den bayerischen Ministerpräsidenten von Knilling verhaftet und sich angemaßt, eine Reichsregierung zu bilden, den General von Ludendorff zum angeblichen Befehlshaber der deutschen Armee, Herrn Hitler, der erst vor kurzer Zeit die deutsche Staatsangehörigkeit erworben hat, zum Leiter der Geschicke Deutschlands zu bestimmen. Es bedarf keines Hinweises darauf, daß diese Putschbeschlüsse null und nichtig sind. Wer diese Bewegung unterstützt, macht sich zum Hoch- und Landesverräter. Statt unseren Brüdern im Rheinland und an der Ruhr zu helfen, die für Deutschland kämpfen, stürzt man Deutschland ins Unglück, gefährdet die Ernährung, bringt uns in die Gefahr eines feindlichen Einmarsches und zerrüttet alle Aussichten auf die Anbahnung wirtschaftlicher Gesundung.

Die letzten Maßnahmen der Reichsregierung auf währungspolitischem Gebiete haben dazu geführt, daß die Mark im Auslande sich in den letzten 24 Stunden um das Vielfache gebessert hat. Alles das ist dahin, wenn das wahnwitzige Beginnen Erfolg hat, das in München versucht wird.

In der Schicksalsstunde des deutschen Volkes und Deutschen Reiches fordern wir alle Freunde des Vaterlandes auf, sich einzusetzen für die Bewahrung der Reichseinheit, deutscher Ordnung und deutscher Freiheit. Alle Maßnahmen für die Niederkämpfung des Putsches und die Wiederherstellung der Ordnung sind getroffen und werden mit rücksichtsloser Energie durchgeführt.

Der Reichspräsident: Ebert
Die Reichsregierung: Dr. Stresemann, Reichskanzler

Quelle: Michalka, Wolfgang/Niedhart, Gottfried (Hg.): Die ungeliebte Republik. Dokumentation zur Innen- und Außenpolitik Weimars 1918–1933, München 1980, Dok. 52, S. 93 f.

Historische Einordnung

Die vorliegende Quelle ist in den Kontext des Krisenjahres 1923 einzuordnen, eines Jahres, in dem das Reich zu zerbrechen drohte („Schicksalsstunde des Deutschen Reiches und deutschen Volkes", Z. 24 f.), ein Bürgerkrieg möglich schien und der Abbau der demokratischen Verfassung immer näher rückte. Die Inflation hatte sich zu einer Hyperinflation entwickelt, und die Wirtschaftskrise trieb große Teile der Bevölkerung in den Ruin. Die Besetzung des Ruhrgebietes durch Franzosen und Belgier bedrohte die Reichseinheit, und in Sachsen regierte eine Linksregierung, die das Land in Richtung einer sozialistischen/demokratischen Republik verändern wollte.

Ein Hauptproblem stellte jedoch die Entwicklung in Bayern dar. Von hier aus wurde eine Politik der Abspaltung Bayerns vom Reich betrieben. Die Nationalsozialisten und die ihnen nahe stehenden Gruppierungen versuchten darüber hinaus, die Macht im gesamten Deutschen Reich zu übernehmen, um einen Staat nach dem Vorbild des italienischen Faschismus mit Hitler als Führerfigur aufzubauen.

Kontext, Rahmenbedingungen in Bayern

Bayern hatte sich nach der Niederschlagung der Revolution in München zu einem Zentrum des Rechtsextremismus entwickelt. Dort dominierten ein speziell bayerisch geprägtes Nationalbewusstsein sowie die Ablehnung der Republik und ihrer demokratischen Verfassung. Den konservativen nationalistischen bayerischen Eliten war der ganze „Weimarer Staat" suspekt. Wegen dieser Grundhaltung entwickelte sich Bayern alsbald zum Tummelplatz rechtsradikaler Gruppierungen.

In diesem Milieu gründeten Erich Ludendorff, der Held des Ersten Weltkrieges, und Adolf Hitler, der Vorsitzende der NSDAP, im September 1923 den „Deutschen Kampfbund", eine neue Dachorganisation der „Vaterländischen Verbände". Die reichs- und demokratiefeindlichen Ziele dieses Bundes, der von der bayerischen Regierung sogar gefördert wurde, kulminierten in der Forderung nach einer „inneren Reinigung" Deutschlands und einer nationalen Diktatur unter bayerischer Führung. Die Aufgabe des passiven Widerstandes an der Ruhr (26. September 1923) durch die Regierung Stresemann, die in Bayern als Landesverrat gegeißelt wurde, bot diesen Gruppen sowie der Staatsregierung schließlich einen konkreten Anlass, um loszuschlagen.

Die Staatsregierung erklärte den Ausnahmezustand für Bayern und der ehemalige Ministerpräsident, Gustav Ritter von Kahr, wurde noch am gleichen Tag zum Generalstaatskommissar ernannt. Auf diese

Weise hoffte die BVP (Bayerische Volkspartei), gewissermaßen die bayerische Staatspartei, endlich eine bayerisch vaterländische Politik durchsetzen zu können. Der mit außerordentlichen Exekutivvollmachten ausgestattete von Kahr, ein bekennender Gegner der Republik und der demokratischen Staatsordnung, besaß damit höchste Exekutivgewalt in Bayern. Er kassierte sofort die gerade erlassene Notverordnung des Reiches und ersetzte sie durch den aus seiner Sicht übergeordneten bayerischen Ausnahmezustand. Die bayerische Reichswehrdivision weigerte sich, den Befehlen Gesslers bzw. von Seeckts Folge zu leisten, und ihr Befehlshaber, von Lossow, ignorierte die Berliner Forderung nach seiner Entlassung.

Mit dem Hitlerputsch vom Abend des 8. November erreichte die bayerische Krise ihren Höhepunkt und zugleich ihr vorläufiges Ende. Hitler hatte ohne Absprache und gegen den Willen der anderen reaktionären bayerischen Führer die Reichsregierung für abgesetzt und sich selber zum Leiter einer neuen provisorischen nationalen Regierung erklärt. Die bayerischen konservativen Größen ließen daraufhin den Hitlerschen Marsch auf die Münchener Feldherrenhalle durch die Landespolizei blutig niederschlagen. Auch die Reichsregierung lehnte diesen Putsch strikt ab und übertrug trotz großer Bedenken die vollziehende Gewalt im Reich an von Seeckt. Er war damit der mächtigste Mann der Republik. Durch den gescheiterten Putsch wurde immerhin den weiteren konservativen Putschabsichten vorläufig der Boden entzogen.

Quelleninterpretation

Überlieferung, Zeitpunkt, Quellensorte, Quellenwert

Der Aufruf wurde am 9. November 1923 an das WTB (Wolffsches Telegraphen Büro, offiziöses Organ der Reichsregierung) zur Verbreitung übergeben. Über den Inhalt informierte die Reichsregierung zugleich auch die Länderregierungen. Die Erklärung selber ist weder in den veröffentlichten Akten der Reichskanzlei noch im Nachlass Eberts zu finden, wohl aber im Nachlass Stresemanns. Bei ihm ist das Dokument auf den 8. November 1923 datiert.

Wahrscheinlich hatte Stresemann den Text noch in der Nacht vor der gemeinsamen Sitzung des Kabinetts konzipiert. Er reagierte offensichtlich als erster auf die Ereignisse in München, obwohl auch er, wie die übrigen Mitglieder der Reichsregierung, der Reichspräsident und die weiteren Anwesenden, von den Ereignissen völlig überrascht worden war. Seine Textvorlage wurde dann in einer dramatischen Nachtsitzung vom 8. auf den 9. November von Kabinett und Reichspräsident Ebert abgesegnet. Das zentrale Schriftstück dokumentiert die Reaktion der Reichsregierung, des Reichspräsidenten, des Militärs und ihrer engsten Berater auf eine völlig unübersichtliche, aber höchst kritische politische Situation. Deren Ausgang war zum Zeitpunkt der Absendung des Aufrufes noch völlig offen. Die Absender mussten sich daher verschiedene Optionen offenhalten – auch gewalttätige.

Die Reichsregierung entschied sich für die Veröffentlichung eines Aufrufes, der den Putsch scharf verurteilte und allen Unterstützern mit harter Bestrafung drohte. Diese eher defensive Form der Ablehnung schien ihr offensichtlich der einzige Weg zu sein, sich dem Putsch entgegenzustellen. Militärische Maßnahmen waren zu diesem Zeitpunkt nicht möglich und waren von der Regierung auch nicht beabsichtigt, allein schon, um die Gegensätze nicht noch zu verschärfen. Es blieb ihr also nur das Wort.

Die Dramatik der Situation zeigt sich auch darin, dass entgegen dem üblichen Geschäftsgang in der Reichskanzlei, kein Protokoll geführt wurde. Über die möglichen internen Diskussionen und Änderungswünsche am ursprünglichen Text Stresemanns sagt diese Quelle daher nichts aus. Da der Text jedoch weitgehend identisch mit seinem Entwurf ist, kann man davon ausgehen, dass die Mehrheit der Teilnehmer zustimmte.

Nach der Billigung durch die Anwesenden leiteten die Verfasser den Text sofort an das WTB weiter. Daher wurde er bereits in der jeweiligen Morgenausgabe vom 9. November 1923 in vielen Zeitungen (aus einer von ihnen stammt auch der hier publizierte Text) wiedergegeben, z.T. allerdings mit kleinen Ungenauigkeiten. Wichtig ist, was in der Presse nicht überall angegeben wurde, dass Reichskanzler und Reichspräsident gemeinsam unterzeichneten. Im Laufe des 9. November 1923 erhielt die Reichsregierung dann einen genauen Bericht ihres Vertreters in Bayern (Braun von Stumm), der sie über den Putsch und dessen Scheitern informierte.

Akteure

Der 1889 in Braunau am Inn geborene Adolf Hitler war zu diesem Zeitpunkt nur eine kleine, allerdings höchst dynamische regionale Größe innerhalb der rechtsradikalen Kräfte in Bayern. Sie alle einte der Kampf gegen „Berlin“, die demokratische Weimarer Republik und die „sozialistische“ Reichsregierung. Sie agierten allerdings nicht gemeinsam, sondern häufig getrennt oder gar gegeneinander, wie der Putsch Hitlers belegt. Dem Versuch des NSDAP-Führers, sich eigenmächtig an die Spitze eines Putsches zu setzen und seine Mitkonkurrenten (von Kahr, Seißer, Lossow u.a.) zu übertölpeln, scheiterte. Daraus zog Hitler die Lehre, nicht noch einmal versuchen zu wollen, den Staat zu stürzen, ohne dabei zumindest den Schein der Legalität zu wahren

Nach Gustav Stresemann, dem amtierenden Reichskanzler im Jahre 1923, wurde nicht nur eine ganze Epoche in der Weimarer Republik benannt (1924–1929), sondern er spielte bereits 1923, als er Kanzler wurde, eine politische Hauptrolle. Der ehemalige Industriesyndikus und nationalliberale sächsische Landespolitiker (1878 in Berlin geboren) hatte nach 1918 eine erstaunliche politische Karriere hingelegt, war zum Parteiführer der DVP (Deutsche Volkspartei), zum demokratischen Staatsmann und später zum Friedensnobelpreisträger mutiert. Nachdem die „Große Koalition“ Anfang Oktober 1923 zerbrochen war, regierte er allerdings nur noch übergangsweise, führte das Land aber trotzdem beherzt durch die schwere Krise.

Reichspräsident Friedrich Ebert (1871 in Heidelberg geboren), Sozialdemokrat, lebenslang ein überzeugter Demokrat, hatte seit dem Beginn seiner Amtszeit im Jahr 1919 fast ausschließlich Krisen zu meistern. Dabei entfremdete er sich mehr und mehr dem linken Flügel seiner Partei, denn er fühlte sich, seinem Amt entsprechend, vor allem als Beauftragter des ganzen Volkes. Er nutzte alle Möglichkeiten, um die Republik zu stabilisieren und die Demokratie zu bewahren und arbeitete daher sowohl mit rechten als auch mit linken Reichsregierungen zusammen.

Diese Politik des Ausgleichs war ein wichtiger Pfeiler für den Bestand der Republik. Zugleich bot sie aber auch einen ständigen Angriffspunkt sowohl für die politische Rechte, die ihn als sozialistischen Landesverräter beschimpfte und ihn wegen seiner angeblich nicht standesgemäßen Herkunft verachtete, als auch für die politische Linke, die ihm eben wegen seiner Politik misstraute.

Auch im Krisenjahr 1923 war Ebert bereit, alles zu unternehmen, um das Reich zur retten, auch wenn er damit der Reichswehr und den konservativen Gruppen weit entgegen kam und seine sozialistischen Genossen in Sachsen und Thüringen militärisch unterdrücken ließ. Es gelang ihm allerdings bis zu seinem Tod im Jahr 1925 trotz aller Bemühungen nicht, das politisch zerrissene Reich zu einen.

Adressaten

Der Text richtete sich an „alle Freunde des Vaterlandes" (Z. 25). Mit dieser vagen Formel sollte offensichtlich ein möglichst großer Teil der deutschen Bevölkerung angesprochen werden. Denn wer wollte schließlich kein Freund des Vaterlandes sein, zumal in diesen Zeiten, in denen das Reich zu zerbrechen drohte? Die Botschaft war zudem an all diejenigen gerichtet, die sich zu „deutscher Ordnung und Freiheit" bekannten. Wer wollte das ebenfalls nicht, wenn das „Deutschtum" von innen und außen bedroht schien? Der Aufruf besaß also genügend Leerstellen für unterschiedliche Interpretationen. Auf diese Weise versuchte er zusammen zu bringen, was im Jahr 1923 mit seinen großen Konflikten schwer zu vereinen schien: Politisch Linke und Rechte, Unternehmer und Arbeiter, Preußen und Sachsen und selbst Bayern konnten sich möglicherweise in dem Text wiederfinden.

Weiterhin versuchte der Appell, die Adressaten auf das sich allmählich entwickelnde wirtschaftliche Wachstum im Reich hinzuweisen, das durch den sinnlosen Putsch gefährdet würde. Ein solcher Aufschwung war in dieser Zeit das zentrale Thema für alle Deutschen. Damit konnte erneut ein weiterer Anknüpfungspunkt für die Interessen großer Teile der Bevölkerung angesprochen werden – ohne ihren jeweiligen politischen Standpunkt zu berühren.

Wegen dieses breiten und diffusen Adressatenkreises konnte der Text, so der Wunsch der Verfasser, auf eine größtmögliche Resonanz hoffen. Inhaltlich hingegen blieb der Text eher blass. Aber genau das war von den Absendern auch so gewünscht.

Hinweise zur Interpretation

Die Situation schien für Reichsregierung und Reichspräsidenten trotz aller Unklarheiten im Prinzip klar, das Verhalten deutlich vorgegeben zu sein. Eine „bewaffnete Horde" (Z. 6) putschte in München, maßte sich an, den gewaltsamen Umsturz durchzuführen, eine neue Reichsregierung zu bilden und den Oberbefehl über die Reichswehr dem berühmten General Ludendorff zu übergeben. Diese Personalie stellte sicherlich einen großen – und zugleich für die Reichsregierung gefährlichen – Coup der Putschisten dar. Mit ihr gingen die Nationalsozialisten aufs Ganze.

Ein Marsch der „Revolutionäre" auf Berlin, analog zu dem Marsch Mussolinis auf Rom ein Jahr zuvor, war daher durchaus denkbar. Insofern gab es für die Reichsregierung nur eine Reaktionsmöglichkeit: eine klare Ablehnung. Allerdings durfte sie eine gewisse Schärfe nicht überschreiten, denn vielleicht war man später auf Verhandlungen zumindest mit den Unterstützern des Putsches angewiesen. Unter diesen Umständen war der Aufruf höchst geschickt formuliert. Die Reaktion kam schnell, überzeugend und eindeutig. Der Putsch wurde auf das Schärfste verurteilt und seine Unterstützung als Hochverrat gebrandmarkt. Der Text präsentierte insofern einen gemeinsamen und zugleich nach außen hin zugkräftig wirkenden Nenner.

Außerdem wurde die Ablehnung des Putsches durch Begriffe geprägt, die das Nationale und auch die Ökonomie in den Mittelpunkt stellten. Alle „Freunde des Vaterlandes" – also gleich welcher Partei, Gesinnung und Klasse – wurden darin aufgefordert, sich für deutsche Einheit, deutsche Ordnung und deutsche Freiheit einzusetzen. Solche Werte konnten von Demokraten, aber auch von Reaktionären, von Arbeitern, aber auch von Bürgern und Kapitalisten geteilt werden. Der Aufruf stieß also faktisch niemanden vor den Kopf. Insofern handelte es sich um einen taktisch sehr klugen Aufruf.

Weniger deutlich wird allerdings, ob und inwiefern sich der Aufruf noch für weitere Werte einsetzte, die originär zum Weimarer Staat gehörten. Ferner wird auch nicht klar, was die genannten Werte, wie etwa „Vaterland" oder „deutsche Ordnung", politisch konkret bedeuteten. Sie waren ja mit Absicht wegen ihrer Vieldeutigkeit gewählt worden. Meinte „deutsche Ordnung", eine „demokratische" oder aber eine „autoritäre Ordnung"?

Was bedeutete es zudem, dass mit keinem einzigen Wort die Demokratie des Weimarer Staates erwähnt wurde, die es zu verteidigen galt und die in erster Linie durch den Putsch bedroht wurde? War dieser Punkt den Absendern nicht wichtig – oder war dessen Fehlen wieder nur Taktik? Offenbar bestand jedenfalls ein Konsens bei den Absendern, sich zu Demokratie und Weimarer Republik in diesem Aufruf nicht äußern zu wollen.

In der Tat war die Haltung von Regierung und Militär, die in diesem Kontext eine besonders wichtige Rolle spielten, gegenüber Demokratie und Weimarer Staat mehr als ambivalent. Was unter Reichskanzler Cuno begonnen hatte, wurde auch unter Gustav Stresemann im Jahre 1923 fortgesetzt: eine Schwächung der parlamentarischen Demokratie. Diese Entwicklung wurde jedoch von den hier handelnden Akteuren allgemein begrüßt und forciert. An eine Rücknahme dachte im November 1923 kaum ein Politiker.

Dieser Trend wurde auch durch den im September von dem Reichspräsidenten verhängten Ausnahmezustand über das Reich verstärkt. Er übertrug die vollziehende Gewalt Reichswehrminister Gessler, der diese umgehend an General von Seeckt weitergab. Gessler, obwohl er Mitglied der DDP (Deutsche Demokratische Partei) war, stand jedoch der Weimarer Demokratie durchaus distanziert gegenüber. Von Seeckt liebäugelte gar mit Plänen, die republikanische Regierung durch ein Direktorium, das mit diktatorischen Vollmachten ausgestattet war, abzulösen. Selbst Reichspräsident Ebert war diesen Plänen gegenüber nicht völlig abgeneigt. Eine Stärkung der Demokratie und eine Erweiterung der revolutionären Forderungen von 1918/19 lagen jedenfalls allen Protagonisten zu dieser Zeit fern.

Wirtschaftspolitisch triumphierte zudem das Unternehmertum, mussten die Arbeiter die Rücknahme der Errungenschaften der Revolution hinnehmen. Die Arbeitszeit in der Ruhrindustrie wurde neu geregelt und der 8-Stunden-Arbeitstag in systemrelevanten Industrien wieder abgeschafft. Das dokumentiert den Bedeutungsverlust der Gewerkschaften. Ein tragender Pfeiler war damit aus dem Sozialstaat Weimarer Republik herausgebrochen. Kein Mitglied der Reichsregierung setzte sich für eine Stärkung der Freien Gewerkschaften ein – im Gegenteil.

Die Reichswehr wiederum stand nie hinter der Republik. Sie hatte sich der parlamentarischen Kontrolle vielmehr weitgehend entzogen und war zum Staat im Staate geworden. Allerdings: Dass sich ein Gefreiter anmaßte, einen anderen als ihn zum Führer der Reichswehr ernennen zu wollen, machte von Seeckt zu einem entschiedenen Gegner des Hitler-Putsches – nicht aber einer Militärdiktatur.

Auch Reichskanzler Gustav Stresemann war ein „Wackelkandidat“. Bereits beim Kapp-Putsch vor drei Jahren hatte er sich höchst zweideutig gegenüber der Demokratie verhalten. Seine Affinität zum Militär und zum Kaiserreich, dem er auch als Weimarer Politiker immer nachtrauerte, machten es zudem mehr als unwahrscheinlich, dass in einer von ihm verfassten Textvariante ein Bekenntnis zur parlamentarischen Demokratie an zentraler Stelle auftauchen würde.

Schließlich war es ihm in den Wirren des Jahres 1923 sogar gelungen, dem Kronprinzen ein Aufenthaltsrecht in der Republik und den Kapp-Putschisten, mit ihren Zielen durchaus den bayerischen Reaktionären vergleichbar, eine Amnestie zu gewähren. Dass er 1923 häufig mit Verfassungsfeinden korrespondierte und steckbrieflich gesuchte Reaktionäre bei sich empfing, sprach ebenfalls nicht für seine Verbundenheit zum Weimarer Staat.

Schaut man sich also den Kreis der Teilnehmer der Besprechung vom 8./9. November an, wird verständlich, warum im Text die Rettung der republikanischen Staatsform weggelassen worden war. Es gab in dieser Situation offenbar kaum noch einen überzeugten Vertreter der parlamentarischen Demokratie – außer vielleicht Friedrich Ebert. Es gab auch keinen sozialdemokratischen Minister mehr, der sich hätte gegen den reaktionären Trend wenden können.

So markig, eindeutig, klar und die Weimarer Republik schützend die Verurteilung des Hitler-Putsches auf den ersten Blick also aussah, bleibt doch festzustellen, dass sich am 8./9. November 1923 in der dramatischen Sitzung in der Reichskanzlei keine wichtige Persönlichkeit offen dazu bekannte, die Verteidigung der Demokratie und ihrer Werte in den Mittelpunkt des Aufrufes zu stellen. Und das geschah offenbar nicht nur aus taktischen Gründen. Vieles deutet daher darauf hin, dass das Fehlen eines Bekenntnisses zu Weimar und zur parlamentarischen Demokratie nicht nur allein der Empfängerorientierung des Dokumentes geschuldet war, sondern dass es den Vorstellungen der Mehrheit der Absender entsprach.

Beurteilung, Einordnung, Würdigung

Das Jahr 1923 stellt in der Geschichte der Weimarer Republik einen „Turning Point“ dar. 1923 ging es um die Frage ihrer Existenz oder um den Zusammenbruch von Reich und parlamentarischem Weimarer System. Eine zentrale Bedrohung der Republik ging – neben anderen Ereignissen – vom Putsch Hitlers aus. Sein Ziel bestand in einer totalen Umformung der Republik, hin zu einem faschistischen „Führerstaat“ nach italienischem Modell. Dieser Putsch scheiterte an dem inneren bayerischen Widerstand, aber auch an der deutlichen Ablehnung durch Reichspräsident und Reichsregierung, die mit ihrem Aufruf vom 9. November 1923, in der der Putsch auf das Schärfste verurteilt wurde, die deutsche Bevölkerung zum Widerstand aufrief.

In dieser generellen Ablehnung waren sich weite gesellschaftliche Kreise sowie Regierung und Reichspräsident einig. Inwieweit die Ablehnung des Hitlerputsches aber zugleich auch ein positives Bekenntnis zur Weimarer Demokratie und ihrer freiheitlichen Verfassung darstellte, ist mehr als fraglich. In jedem Fall erachteten es Reichsregierung und Reichskanzler nicht für sinnvoll, in ihrem Aufruf den Schutz der Republik in den Mittelpunkt zu stellen. Sie beriefen sich vielmehr vor allem auf Nation und „Deutschtum“.

Offensichtlich tendierten nicht nur ein großer Teil der Bevölkerung, sondern auch wichtige Repräsentanten der Republik (Reichskanzler, führende Minister und Militär), sicherlich mitbedingt durch die unübersichtliche Situation im Jahre 1923, zu einer eher autoritären Staatsform. Ein Bezug auf die demokratische und freiheitliche Republik wurde in dieser Situation offensichtlich deswegen nicht in den Aufruf aufgenommen.

Literaturhinweise

Deuerlein, Ernst (Hg.): Der Aufstieg der NSDAP in Augenzeugenberichten, München 1974.

Niess, Wolfgang: Der Hitlerputsch 1923. Geschichte eines Hochverrats, München 2023.

Der Außenminister, der Kronprinz und die deutsche Locarnopolitik

Die Quelle: Der „Kronprinzenbrief“ Gustav Stresemanns vom September 1925

Eurer Kaiserlichen Hoheit

bitte ich verbindlichsten Dank aussprechen zu dürfen für die Darlegungen Ihres Briefes vom 28. August. Ich freue mich, daß das kleine Büchlein, über das ich mit Eurer Kaiserlichen Hoheit gesprochen habe, Ihr Interesse gefunden hat. Gestatten Sie mir gleichzeitig von Berlin aus eine Zeitschrift übersenden zu dürfen, in der Dr. Hans Schumann Darlegungen über den Sicherheitspakt veröffentlicht hat, die zum großen Teil den Fragekomplex berühren, der in Ihrem Schreiben aufgeworfen ist, Darlegungen, die aufgrund eingehender Besprechungen mit mir herrühren und insoweit meine eigenen Ansichten wiedergeben.

Zu der Frage des Eintritts in den Völkerbund möchte ich folgendes bemerken:

Die deutsche Außenpolitik hat nach meiner Auffassung für die nächste absehbare Zeit drei große Aufgaben:

Einmal die Lösung der Reparationsfrage in einem für Deutschland erträglichen Sinne und die Sicherung des Friedens, die die Voraussetzung für eine Wiedererstarkung Deutschlands ist.

Zweitens rechne ich dazu den Schutz der Auslandsdeutschen, jener 10–12 Millionen Stammesgenossen, die jetzt unter fremdem Joch in fremden Ländern leben.

Die dritte große Aufgabe ist die Korrektur der Ostgrenzen: die Wiedergewinnung von Danzig, vom polnischen Korridor und eine Korrektur der Grenzen in Oberschlesien.

Im Hintergrund steht der Anschluss von Deutsch-Österreich, obwohl ich mir sehr klar darüber bin, daß dieser Anschluß nicht nur Vorteile für Deutschland bringt, sondern das Problem des Deutschen Reichs sehr kompliziert (Verstärkung des katholischen Einflusses, Bayern plus Österreich gegen Preußen, Vorherrschen der klerikalen und sozialistischen Parteien in Deutsch-Österreich).

Wollen wir diese Ziele erreichen, so müssen wir uns aber auch auf diese Aufgaben konzentrieren. Daher der Sicherheitspakt, der uns einmal den Frieden garantieren und England sowie, wenn Mussolini mit macht, Italien als Garanten der deutschen Westgrenze festlegen soll. Der Sicherheitspakt birgt andererseits in sich den Verzicht auf eine kriegerische Auseinandersetzung mit Frankreich wegen der Rückgewinnung Elsaß-Lothringens, ein deutscher Verzicht, der aber insoweit nur theoretischen Charakter hat, als keine Möglichkeit eines Krieges gegen Frankreich besteht. Die Reparationslasten, die uns der Dawesplan auferlegt, werden voraussichtlich schon 1927 untragbar sein. Wir müssen dann eine neue Konferenz verlangen, zur Neufeststellung der deutschen Leistungsfähigkeit, ein Recht, das uns nach dem Versailler Vertrag jederzeit zusteht. Bei Vergleichung der 2 ½ Milliarden, die wir als Maximum zu zahlen haben (m.E. können wir nicht mehr als 1,75 Milliarden bezahlen) mit den durchschnittlich über 4 Milliarden an Verzinsung ihrer Kriegsschuld, die die Gegenseite zu zahlen hat, müssen wir bedenken, daß die Gegner steuerlich mindestens ebenso belastet sind wie wir.

Die Sorge für die Auslandsdeutschen spricht für den Eintritt in den Völkerbund. Ich darf auf die Ausführungen von Krammarsch hinweisen, die in der oben erwähnten Zeitschrift wiedergegeben sind. Auch das Saarland, selbst die am weitesten rechts stehenden Politiker, sind für diesen Eintritt. Wir werden in Genf der Wortführer der ganzen deutschen Kulturgemeinschaft sein, weil das gesamte Deutschland in uns seinen Hort und Schild sehen wird. Die Bedenken, daß wir im Völkerbund überstimmt werden, gehen von der falschen Voraussetzung aus, daß es in diesem Völkerbundsrat, der die Entscheidung hat, eine Überstimmung gibt. Die Beschlüsse des Völkerbundsrats müssen einstimmig gefaßt werden.

Deutschlands ewiger Sitz im Völkerbundsrat ist ihm zugesichert. Wenn wir jetzt im Völkerbundsrat wären, würde Polen in Danzig und in der Frage der Post nicht durchkommen, weil der Einspruch des deutschen Vertreters genügen würde, um diesen Anspruch zurückzuweisen. Polen und die Tschechoslowakei, Jugoslawien und Rumänien, die sämtlich durch internationale Verträge gebunden sind, für ihre Minderheiten, d.h. speziell für die deutsche Minderheiten zu sorgen, werden sich nicht so sträflich über ihre Verpflichtungen hinwegsetzen können, wenn sie wissen, daß Deutschland alle diese Verfehlungen vor den Völkerbund bringen kann. Zudem sind alle die Fragen, die dem deutschen Volk auf dem Herzen brennen, z.B. Fragen der Kriegsschuld, allgemeine Abrüstung, Danzig, Saargebiet etc. Angelegenheiten des Völkerbunds, die durch einen geschickten Redner im Plenum des Völkerbunds zu ebenso vielen Unannehmlichkeiten für die Entente werden können. Frankreich ist bei dem Gedanken des Eintritts Deutschlands in den Völkerbund durchaus nicht entzückt, während England ihn herbeiwünscht, um Frankreichs bisher überragenden Einfluß in dem Völkerbund entgegentreten zu können.

Die Frage des Optierens zwischen Osten und Westen erfolgt durch unseren Eintritt in den Völkerbund nicht. Optieren kann man ja übrigens nur, wenn man eine militärische Macht hinter sich hat. Das fehlt uns leider. Wir können weder zum Kontinentaldegen für England werden, wie einige glauben, noch können wir uns auf ein deutsch-russisches Bündnis einlassen. Ich warne vor einer Utopie, mit dem Bolschewismus zu kokettieren. Wenn die Russen in Berlin sind, weht zunächst die rote Fahne vom Schloß und man wird in Rußland, wo man die Weltrevolution wünscht, sehr zufrieden sein, Europa bis zur Elbe bolschewisiert zu haben und wird das übrige Deutschland den Franzosen zum Fraß zu geben. Daß wir im übrigen durchaus bereit sind, mit dem russischen Staat, an dessen evolutionäre Entwicklung ich glaube, uns auf anderer Basis zu verständigen und durch unseren Eintritt in den Völkerbund durchaus nicht nach dem Westen verkaufen, ist eine Tatsache, über die ich E.K.H. gern gelegentlich mündlich näheres sagen würde. Die große Bewegung, die jetzt durch die Naturvölker geht, die sich gegen die koloniale Beherrschung großer Völker wendet, wird, glaube ich, durch unseren Eintritt in den Völkerbund in keiner Weise zum Schaden dieser Völker beeinflußt. Das Wichtigste ist für die unter 1) berührte Frage der deutschen Politik das Freiwerden deutschen Landes von fremder Besatzung. Wir müssen den Würger erst vom Halse haben. Deshalb wird die deutsche Politik, wie Metternich von Oesterreich wohl nach 1809 sagte, in dieser Beziehung zunächst darin bestehen müssen, zu finassieren und den großen Entscheidungen auszuweichen.

Ich bitte E.K.H. mich auf diese kurzen Andeutungen beschränken zu dürfen, und darf im übrigen wohl bitten, diesen Brief selbst – den ich absichtlich nicht unterzeichne, damit er nicht, auch nur aus Versehen, in fremde Hände fällt – freundlichst würdigen zu wollen, daß ich mir natürlich in allen meinen Äußerungen eine große Zurückhaltung auferlegen muß. Wollen E.K.H. mir Gelegenheit geben, über diese Fragen, die demnächst ja zur Entscheidung drängen, in einer ruhigen Stunde sprechen zu können, so stehe ich gern zur Verfügung.

Eine kleine Schrift, „Die Sendung des Prinzen Wilhelm“ darf ich gleichfalls von Berlin nach Oels abgehen lassen. Ich bitte sie freundlichst unter dem Gesichtspunkt zu prüfen, welcher Mittel sich einst

Stein und Hardenberg bedienen mußten, um den preußischen Staat am Leben erhalten zu können.

Die freundlichen Grüße E.K.H bitte ich ehrerbietigst erwidern zu dürfen.

Quelle: Politisches Archiv des Auswärtigen Amtes, Berlin, NL Stresemann, Bd. 29.

Historischer Einordnung und politische Rahmenbedingungen

Die Phase zwischen 1924 und 1929 wird in Publizistik und Forschung mehrheitlich als „Ära Stresemann", als eine Zeit (außen)politischer Verständigungspolitik bezeichnet. In dieser Periode bemühte sich Deutschland – so die gängige Interpretation – unter der Leitung des Außenministers, sich im europäischen Kräftefeld als gleichberechtigter Partner zu etablieren, um auf friedlichem Wege eine Revision des Vertrages von Versailles im europäischen Konsens zu erreichen.

Der „Kronprinzenbrief" lenkt den Blick zum einen auf die konkrete Außenpolitik, zum anderen auf den Zusammenhang von Innen- und Außenpolitik, denn der Stresemannsche Kurs war innenpolitisch höchst umstritten. Die politische Rechte verunglimpfte ihn als Verzichtpolitik, deutete ihn als einen nochmaligen, diesmal freiwilligen Verzicht auf „deutsches Land und deutsches Volk". Diese Kritik wog besonders schwer, weil die rechtslastige DNVP (Deutschnationale Volkspartei) seit Beginn des Jahres 1925 als stärkste Partei an der neuen Bürgerblockregierung unter Kanzler Hans Luther beteiligt war.

Die von Stresemann betriebene Außenpolitik stellte daher einen außen- und zugleich auch einen innenpolitischen Balanceakt dar. Sie konnte zwar außenpolitische Möglichkeiten eröffnen, war aber innenpolitisch immer gefährdet. Der Außenminister sah sich stets gezwungen, die politische Rechte in seinen Kurs zu integrieren, auch wenn sich deren Zielsetzungen deutlich von den seinen unterschieden.

Quelleninterpretation

Überlieferung

Das Konzept des Briefes ist im Nachlass Stresemanns im Politischen Archiv des Auswärtigen Amtes (PA AA) überliefert. Das Original befindet sich im Besitz der Hohenzollern. Bereits wenige Jahre nach dem

Tode Stresemanns (1929) veröffentlichte sein langjähriger Privatsekretär, Henry Bernhard, die ihm wesentlich erscheinenden Dokumente aus Stresemanns Leben in drei Bänden unter dem Titel „Vermächtnis“. Diese ungewöhnlich frühe Publikation sollte Stresemann nach seinem Tode offensichtlich in ein positives Licht rücken. Dabei hielt Bernhard es nicht für nötig, den Kronprinzenbrief zu unterschlagen.

Der veröffentlichte Text ist daher im Vermächtnis nur wenig bearbeitet worden. Zu den Auslassungen (ohne entsprechenden Hinweis) gehören Angaben zu innenpolitischen Aspekten und solche, die die Vertrautheit Stresemanns im Umgang mit dem Kronprinzen betreffen. Das scheint wichtig zu sein, weil dadurch das Verhältnis von Absender und Adressat verschleiert wird. Ferner fehlen dort Bemerkungen, die etwas über den Geheimhaltungsgrad des Dokumentes aussagen, eine Tatsache, die für die Untersuchung der Textsorte „Brief“ von Bedeutung sein könnte.

Bemerkenswert an der veröffentlichten Überlieferung ist ferner, dass die drei Bände des „Vermächtnisses“ zwar noch ausgeliefert, nach 1933 aber sofort eingezogen wurden. Die Tendenz der darin abgedruckten Dokumente – also auch des hier vorliegenden Textes – widersprach offensichtlich den nationalsozialistischen Vorstellungen von deutscher Außenpolitik. Das könnte eine Interpretationshilfe bei der Frage sein, ob Stresemann möglicherweise ein Vorläufer „nationalsozialistischer Außenpolitik“ gewesen sei.

Quellensorte

Das vorliegende Dokument ist ein „Privatbrief“. Darin geht es in der Regel um eine persönliche Meinungsäußerung, bei der wichtige Einblicke in die Meinungen, Befindlichkeiten und Beweggründe des Absenders zu finden sind. Das gilt auch hier, trotz der Aussage, „daß ich [Stresemann] mir natürlich in allen meinen Äußerungen eine Zurückhaltung auferlegen muß“ (Z. 108 f.). Das könnte auch eine taktische Äußerung gewesen sein, denn vielfach kann der Sender nicht nur, sondern will er auch nicht die „ganze Wahrheit“ sagen. Oft genug werden Briefe auf den Empfänger hin geradezu komponiert.

Der vorliegende Brief ist ein Ausschnitt aus einem längeren Kommunikationsprozess. Das zeigt die Vertrautheit zwischen Sender und Empfänger. Die Gedanken, die der Sender dem Empfänger mitteilte, sind daher Teil dieses Prozesses. Sie stellen insofern nicht nur eine selbstbestimmte Meinungsäußerung des Senders dar, sondern sind

Antworten auf Fragen des Empfängers, die hier nicht bekannt sind (Hinweis darauf, Z. 9 f.).

Verfasser

Gustav Stresemann ist eine der markantesten Persönlichkeiten der Weimarer Republik. Der 1878 in Berlin geborene Gastwirtssohn war 1925 zu einem der wichtigsten Politiker der Weimarer Republik aufgestiegen. Nach einem längeren Zwischenspiel in der sächsischen Politik und Wirtschaft mauserte er sich als „junger Mann" Ernst Bassermanns (Nationalliberal) bereits im ausgehenden Kaiserreich zu einem der wichtigsten Liberalen im Kaiserreich. Im Krieg entpuppte er sich als ein entschiedener Vertreter einer ausufernder deutschen Kriegszielpolitik, als konsequenter außenpolitischer Hardliner.

Trotz dieser Vorgeschichte gelang ihm nach dem Krieg rasch eine neue politische Karriere. Nachdem die DDP (Deutsche Demokratische Partei) dem Annexionisten Stresemann die Mitarbeit verweigert hatte, gründete er fast im Alleingang die DVP (Deutsche Volkspartei), die rechte Flügelpartei des Liberalismus. Bereits 1923 brachte er es zum Reichskanzler. Seitdem prägte er als ständiger Außenminister in den verschiedenen Kabinetten die deutsche Außen- aber auch Innenpolitik und genoss breite internationale Anerkennung. 1926 wurde er mit dem Friedensnobelpreis ausgezeichnet.

Empfänger

Empfänger des Briefes war der älteste Sohn Wilhelms II., Kronprinz Wilhelm. Wie sein Vater hatte er Ende des Jahres 1918 das Deutsche Reich verlassen und war ins Exil nach Holland geflohen. Im Gegensatz zum Ex-Kaiser konnte er jedoch 1923 dank der Bemühungen des damaligen Kanzlers Stresemann wieder zurück nach Deutschland kommen. Offiziell hatte der Kronprinz dafür auf jede politische Betätigung verzichten müssen. Seit 1923 residierte er auf einem seiner Schlösser, Oels, in Schlesien. Nach außen spielte der Kronprinz keine besondere Rolle, gilt in der Literatur auch als eine ziemlich unbedeutende Persönlichkeit. Im kleinen Kreise besaß er jedoch einen gewissen Einfluss auf rechte, kaisertreue Eliten.

Verhältnis von Sender zu Empfänger

Man kann von einer sehr engen Beziehung zwischen Sender und Empfänger ausgehen. Darauf deutet bereits der – nur im Originalbrief vorhandene – Hinweis auf einen längeren Briefwechsel zwischen Autor und Adressat hin. Das wird auch durch die Bemerkung bestärkt, dass er, Stresemann, wegen der Vertraulichkeit des Textes nicht unterschreiben könne. Eine solche Bemerkung suggeriert höchste Verbundenheit. Passagen des Briefes, die diese Nähe betonen, wurden vom Herausgeber des „Vermächtnisses“ der Öffentlichkeit vorenthalten. Sollte auf diese Weise die enge Beziehung gegenüber der Öffentlichkeit verschwiegen werden, um den Verfasser nicht als „Kaisertreuen“ zu diskreditieren?

Berücksichtigt man die politische Bedeutung von Absender (Stresemann) und Empfänger (Kronprinz Wilhelm) sowie die freundschaftliche, an einigen Stellen geradezu unterwürfige Form des Briefes, ist das Schreiben mehr als erstaunlich. Ein hoher Vertreter des Weimarer Staates pflegte ganz unverblümt mit der Personifizierung des überwundenen kaiserlichen Systems intensiven Gedankenaustausch und erläuterte ihm offenbar seine geheimsten Vorstellungen zu den großen Fragen der Außenpolitik.

Aus Form und Stil des Briefes ist kaum zu erkennen, dass der Absender eine weit höher gestellte Persönlichkeit war als der Empfänger. Stresemann bekleidete immerhin Funktionen als Reichstagsabgeordneter, Parteivorsitzender und Minister. Der Adressat hingegen war ein Privatmann und „Rentner“, dem politische Tätigkeit untersagt worden war. Anrede, Schlussformel und eingestreute devote Bemerkungen lassen jedoch eher einen gegenteiligen Schluss zu.

Diese Form der Kommunikation hat sicherlich ihre Gründe. Stresemann war mit Wilhelm und der kaiserlichen Familie eng befreundet. Wilhelms Wunsch nach authentischer Aufklärung über die deutsche Außenpolitik war ihm ganz offensichtlich ein Befehl. Daher teilte er ihm Tatsachen mit, die man eher in dem geheimen Kreis des Auswärtigen Ausschusses des Parlamentes vermutet hätte. Dort – und im Kabinett – aber hielt sich Stresemann eher bedeckt.

Es ist daher nicht unwahrscheinlich, dass das in der Briefform manifestierte Verhältnis der Unterordnung dem Selbstverständnis Stresemanns gegenüber einem ehemaligen „Beinahekaiser“ entsprach. Stresemann könnte diese Formen allerdings auch gewählt haben, um den Kronprinzen für seine Überlegungen zu gewinnen, weil er hoffte, dieser könne ihm innenpolitisch nutzen. Stresemann musste ja „seine“ DVP, aber vor allem auch die DNVP von seiner Politik zu überzeugen.

Vielleicht aber hatte Stresemann nur das Bedürfnis, sich einem Mann anzuvertrauen, dessen politische Vorstellungen den seinen entsprachen. Bei dem Kronprinzen konnte er sicher wissen, einem führenden Repräsentanten des von ihm geliebten Kaiserreiches nahe zu sein, unabhängig von der neuen Demokratie, zu der er, Stresemann, sich seit 1919 eher bekennen musste, als dass er sie gewollt hatte.

Zeitpunkt

Zum Zeitpunkt des Schreibens, am 7. September 1925, stand Deutschland außenpolitisch im Zeichen der deutschen Sicherheitsinitiative, die im Oktober zum Vertrag von Locarno führte. Die beginnenden Geheimverhandlungen im September deuteten bereits einen möglichen Erfolg an. Innenpolitisch galt es jedoch, große Schwierigkeiten zu überwinden. Innerhalb und außerhalb des Kabinetts opponierte die DNVP.

Je weiter die Verhandlungen gediehen, umso wichtiger war es daher, die innenpolitische Basis für die Politik zu verbreitern und zugleich die bürgerlich-konservative Koalition zusammen zu halten. Die abgeschlossenen Verträge mussten schließlich im Parlament ratifiziert werden. Dabei hätte Stresemann sehr gern die DNVP im Boot gehabt. Insofern muss der Kronprinzenbrief auch unter dem Gesichtspunkt des Werbens um Zustimmung für die Außenpolitik im politisch rechten Raum gesehen werden. Diese Vermutung wird durch die Anlagen des Briefes bestätigt.

Beide Schriften, das Büchlein von Graf Bismarck „Die Sendung des Prinzen Wilhelm“ und der Aufsatz von Hans Schumann im „Hamburger Fremdenblatt“, warben in gewissem Sinne für Stresemanns Außenpolitik. Das Bismarck-Buch empfahl diese indirekt, indem die Außenpolitik Steins und Hardenbergs, von jedem national gesinnten Deutschen bewundert, als Vorbild für seine Politik gedeutet werden konnte, der Zeitungsartikel wiederum direkt, indem er seine Außenpolitik positiv interpretierte. Gerade diese letzte Anlage macht die Absicht des Briefes besonders deutlich. Stresemann ließ nämlich den Kronprinzen darüber im Unklaren, dass Schumann niemand anderes war als er selber, Gustav Stresemann. Offensichtlich wollte der Außenminister durch diesen Kunstgriff den Anschein noch größerer Objektivität und damit eine möglichst große Wirkung erzielen.

Allerdings wird man unabhängig von der taktischen Funktion des Briefes davon ausgehen können, dass der Text und die dort getroffenen politischen Aussagen die Intentionen des Verfassers wiedergaben. Stresemann mochte des Zieles wegen in seiner Argumentation bis an den äußersten Rand seiner außenpolitischen Vorstellungen gegangen sein und verbal auch übertreiben: Im Endeffekt musste er zu diesen Aussagen stehen. Kurzum: Es handelt sich um die authentische Aussage des deutschen Außenministers, allerdings diplomatisch nicht verklausuliert.

Hinweise zur Interpretation

Neben vielen anderen Aspekten kann man die von Stresemann selbst genannten wichtigen Ziele der deutschen Außenpolitik: „Lösung der Reparationsfrage …", „Schutz der etwa 10–12 Millionen Auslandsdeutschen", „Korrektur der Ostgrenzen" und „ Anschluss Österreichs …" (Z. 15 ff.), in den Mittelpunkt stellen, wobei wegen der politischen Brisanz das Problem der „Korrektur der Ostgrenzen" von besonderer Bedeutung sein dürfte.

Liest man nämlich den im Oktober 1925 abgeschlossenen Vertrag von Locarno aus der hier dominierenden Perspektive, fällt auf, dass dort zwar die deutschen Westgrenzen von den Vertragsparteien als feststehend garantiert worden waren, über die Ostgrenzen hingegen eine derartige Formulierung nicht zustande kam. Der Weg notfalls auch gewaltsamer Revisionen wurde durch den Vertrag offensichtlich nicht ausgeschlossen. Daher kann man zu dem Ergebnis kommen, dass die Aussagen über die Revisionsziele als adäquate Beschreibung der von Stresemann verfolgten außenpolitischen Ziele zu werten sind.

In diesem Kontext sind auch die Passagen über den Völkerbund von Bedeutung. Der Eintritt in den von Stresemann ungeliebten Völkerbund machte es Deutschland nämlich möglich, die Probleme der deutschen „Stammesgenossen, die jetzt unter fremden Joch in fremden Ländern leben" (Z. 20 ff.), immer wieder in die Öffentlichkeit zu bringen. Und in der Tat: Stresemann ließ nach dem Eintritt Deutschlands nahezu keine Völkerbundsitzung vergehen, in der er nicht das Problem des Minderheitenschutzes aufgriff. Seine Bemerkungen waren also ernst gemeint.

Zweifellos betonte Stresemann Deutschlands Möglichkeiten im Völkerbund deswegen so stark, weil es galt, den absoluten Völkerbundgegner, die DNVP, von den Vorteilen eines Eintritts zu überzeugen. Stresemann musste sich allerdings keine Gewalt antun, wenn er dem Kronprinzen erläuterte, dass er von dem Völkerbund im Prinzip genau so wenig hielt wie der Adressat, der Kronprinz. Je deutlicher diese (negative) Grundstimmung sichtbar wurde, desto leichter mochte es Stresemann fallen, dem Kronprinzen und der DNVP die Gründe für den Eintritt zu verdeutlichen. Dazu passt, dass Stresemann betonte, dass er persönlich lieber andere Wege gesucht hätte, um seine außenpolitischen Ziele schneller und umfangreicher durchzusetzen. Das aber sei nur möglich, „wenn man eine militärische Macht hinter sich hat. Das fehlt uns leider" (Z. 81).

Insofern stellte sich Stresemann auf die Seite derjenigen, die die Verständigungspolitik nur als Mittel ansahen, um angesichts der momentanen Machtlosigkeit Deutschlands andere Optionen offen zu halten. Aus dieser Perspektive waren Gewaltverzicht, Schiedsverträge und kollektive Sicherheitsabsprachen nur situationsbedingte Reaktionen auf dem Wege zur Verbesserung der politischen Lage Deutschlands. In diesem Sinne wäre auch die Aussage Stresemanns zu deuten, dass die aufgezählten Ziele nur „für die nächste absehbare Zeit" (Z. 15 f.) gelten sollten. Insofern wäre auch zu fragen, was denn die Formulierung „Wiederstarken Deutschlands" (Z. 18 f.) konkret bedeutete und warum es für ihn, Stresemann, so bedauerlich war, dass Deutschland „leider" keine militärische Macht mehr hatte und „keine Möglichkeit eines Krieges gegen Frankreich besteht" (Z. 39 f.).

Das war ein Vokabular, das auf die deutsche Außenpolitik vor und im Ersten Weltkrieg hindeuten könnte. Damals, im Kaiserreich, war Deutschland in der Lage gewesen, einen Krieg fast gegen das gesamte Europa zu führen, und der Empfänger des Briefes war designiertes Staatsoberhaupt gewesen. Diese Passagen könnten daher ein Beleg für die Kontinuität der außenpolitischen Vorstellungen Stresemanns sein.

Diese Überlegungen werden durch die Aussagen gestützt, die Stresemann über die Befreiung deutschen Landes von dem „französischen Würger" machte, mit dessen Repräsentanten, Aristide Briand, er sich in Locarno brüderlich unterhielt und mit dem er gemeinsam 1926 Nobelpreisträger wurde. Ihm gegenüber betrieb er – so seine Selbstaussage – in erster Linie eine Politik des Finassierens und des Ausweichens vor großen Entscheidungen (Z. 103 f.). Ohne entscheiden zu wollen, ob Finassieren nun ein ränkevolles Hintergehen bedeutet oder aber nur ein politisches Jonglieren und Lavieren meint, in jedem Fall war damit keine offene Politik gemeint, die ihre Ziele ausplauderte.

Die Bemerkungen Stresemanns zur Situation Deutschlands zwischen Ost und West scheinen demgegenüber überwiegend adressatenbezogen zu sein. Zum einen stellten sie eine Antwort auf eine konkrete Anfrage des Kronprinzen dar (Z. 13 f.), und zum anderen gingen sie auf die aus Stresemanns Sicht weit überzogenen Vorstellungen der politischen Rechten, bezüglich einer möglichen Kooperation mit Russland ein. Diesen Vorstellungen gegenüber operierte Stresemann mit geradezu schwerem Geschütz, indem er ausführte: „Ich warne vor einer Utopie, mit dem Bolschewismus zu kokettieren. Wenn die Russen in Berlin sind, weht zunächst die rote Fahne vom Schloß" (Z. 85 f.). Einen Kommunisten mochte eine solche Vorstellung nicht schrecken. Wohl aber einen Hohenzollern, dessen Vater bereits durch die deutschen „Bolschewisten" vom Thron gestürzt worden war und der von dem kurzen Flattern der roten Fahne 1918 mehr als genug hatte. Insofern hatte Stresemann einen Schwachpunkt des Kronprinzen getroffen.

Beurteilung, Einordnung, Würdigung

Der vorliegende Brief stellt ein zentrales Dokument dar, um die Stresemannsche Außenpolitik zu beleuchten. Er zeigt eine mögliche Ambivalenz seiner Politik, die in der Regel als Politik der Verständigung interpretiert wird. Nach dieser Quelle kann man jedoch nicht völlig ausschließen, dass Stresemann seine radikalen außenpolitischen Vorstellungen aus der Vorkriegszeit auch in Weimar fortsetzen wollte. Allerdings beabsichtigte er diese im Weimarer Staat mit anderen Mitteln und den politischen Umständen angepasst betreiben.

Es scheint ebenfalls möglich zu sein, dass Stresemann seine politischen Partner hinterging, die Inhalte der Völkerbundsatzungen substanziell missachtete und mit den Abmachungen im Vertrag von Locarno eine deutsche Expansionspolitik nach Osten vorbereiten wollte. Dabei schloss er offensichtlich die Anwendung physischer Gewalt gegenüber dem östlichen Nachbarn Polen bei der Durchsetzung dieser Ziele nicht prinzipiell aus.

Eine solche Deutung des Kronprinzenbriefes hängt allerdings entscheidend davon ab, ob der Brief in erster Linie Stresemanns tatsächlichen Vorstellungen entsprach oder aber eher als taktisches Instrument gedeutet wird, um über den Kronprinzen die politische Rechte in seinem Sinne politisch zu beeinflussen. Es ist jedoch nicht unwahrscheinlich, dass jenseits des – sicherlich vorhandenen – taktischen Bemühens der Kern der Aussagen die Intentionen Stresemann exakt wiedergab.

Eindeutig kann allerdings verneint werden, Stresemann als einen Vorläufer der Außenpolitik des „Dritten Reiches" einzuordnen. Dessen Repräsentanten qualifizierten ihn ja als Erfüllungspolitiker ab, sahen in ihm einen Außenpolitiker, dem eine nationale deutsche Außenpolitik fremd und der bereit gewesen sei, deutsches Land und deutsches Volk freiwillig zu verschachern. Mit Hitler, dem brutalen Anstifter des Zweiten Weltkrieges, mit all seinen schrecklichen Folgen, hatte seine Politik absolut nichts gemein.

Literaturhinweise

Karl Heinrich Pohl: Der „Kronprinzenbrief" Gustav Stresemanns vom September 1925 – Ein Beispiel für wissenschaftsnahe Quelleninterpretation auf der Oberstufe des Gymnasiums, in: Geschichtsdidaktik 8 (1983), S. 152–163.

Karl Heinrich Pohl: Gustav Stresemann. Biografie eines Grenzgängers, Göttingen 2015.

Das Auswärtige Amt und Locarno

Die Quelle: Interne Vorstellungen über den Locarnovertrag

Auswärtiges Amt
Berlin, den 28. Oktober 1925
R.M. 2596
- 5 Anlagen –
Streng geheim

Wie die deutsche Presse zeigt, richtet sich die an dem Ergebnis der Konferenz von Locarno geübte Kritik nicht nur gegen den Mangel konkreter Abmachungen über die Rheinlandfragen, sondern auch gegen einzelne Bestimmungen der in Locarno paraphierten Vertragsentwürfe selbst. In dieser letzteren Hinsicht beruht die Kritik jedoch offensichtlich auf Mißverständnissen, die sich zum Teil daraus erklären, daß der nicht geschulte Leser den Sinn und die Tragweite der streng juristisch gefaßten Formulierungen nicht ohne weiteres zu übersehen vermag. Es ist deshalb von großer Wichtigkeit, die Vertragstexte auch der breiten Öffentlichkeit verständlich zu machen.

Die erforderliche Aufklärung ist von hier aus schon in die Wege geleitet worden, würde aber wesentlich gefördert werden, wenn es gelänge, neutrale Persönlichkeiten, insbesondere Völkerrechtslehrer von Ruf, dafür zu gewinnen, daß sie sich in Presseartikeln über die Bedeutung des Vertragswerkes äußern. Das würde wesentlich den Vorteil haben, daß dabei der Nutzen des Vertragswerkes für Deutschland offener ins rechte Licht gerückt werden kann, als dies aus naheliegenden außenpolitischen Gründen von deutscher Seite möglich ist.

Ich wäre Ihnen deshalb dankbar, wenn Sie zu diesem Zwecke möglichst umgehend mit geeigneten Persönlichkeiten streng vertraulich Fühlung nehmen wollten. Dabei könnten Sie auf die in der Anlage kurz skizzierten Gesichtspunkte hinweisen, deren juristische Beleuchtung für uns besonders vorteilhaft wäre.

Einige Abdrucke des Schlußprotokolls und seiner Anlagen sind beigefügt.

Schubert

Handschriftlicher Seiteneintrag, Gesandtschaft Bern:
Mit Herrn Dr. Waldkirch im Sinne der Anlage usw. besprochen. Er beabsichtigt nach Prüfung ev. einen Artikel über die Verträge von Locarno im „Bund" zu veröffentlichen.

Kürzel: A. M.[d. i. Adolf Müller, Deutscher Gesandter in Bern]

Anlage A zum Erlaß des Reichsministers 2596

1. Formulierung und Aufbau des Westpaktes (Anlage A des Schlussprotokolls) zeigen deutlich, daß Deutschland hinsichtlich seiner Westgrenzen keine andere Verpflichtung übernimmt, als auf jeden Angriffskrieg und sonstige aggressive Akte zu verzichten. Die friedliche Entwicklung, insbesondere das Prinzip des Selbstbestimmungsrechts der Völker, wird dadurch in keiner Weise berührt. Deutschland ist also namentlich nicht verpflichtet, etwa hervortretenden Autonomiebestrebungen in Elsaß-Lothringen aktiv zu Gunsten Frankreichs entgegenzutreten. Der Westpakt ist überhaupt kein territorialer Garantiepakt in dem in der Geschichte vielfach üblich gewesenen Sinne, daß ein bestimmter Besitzstand in jeder Hinsicht unverrückbar festgelegt würde, und daß die Garanten ein absolutes Recht auf Aufrechterhaltung dieses Besitzstandes erhielten. Juristisch ausschlaggebend hierbei ist die Tatsache, daß im Artikel I des Paktes, wo sich die vielfach mißdeuteten Worte „maintien du statu quo territorial" befinden, ausdrücklich bestimmt wird, daß die Garantie dieses Besitzstandes „ainsi qu'il est prèvu dans les articles ci-après" erfolgen soll, und daß in den folgenden Artikeln, wo von den Verpflichtungen der Vertragsmächte und der Garanten die Rede ist, (z.B. Artikel 5 und Artikel 4) nicht auf den Artikel 1, sondern nur auf den Artikel 2 Bezug genommen wird. Artikel 1 begründet mithin keinerlei selbständige Verpflichtung, sondern hat nur den Charakter einer Überschrift.
2. Andererseits ist durch den Westpakt das Rheinland sowohl vor französischen Invasionen als auch vor einer aktiven französischen Unterstützung etwaiger Separatistenbewegungen geschützt. Auch territoriale Sanktionen wie beim Ruhreinbruch werden praktisch ausgeschlossen. Zwar bleiben nach Artikel 6 des Paktes die Bestimmungen des Versailler Vertrages an sich in ihrem Bestand unberührt. Die grundlegende Änderung gegenüber der Vergangenheit besteht aber darin, daß künftig jede Meinungsverschiedenheit über die Auslegung dieser Bestimmungen durch ein Schieds-

gericht mit bindender Wirkung zu entscheiden ist. Dabei ist daran zu erinnern, daß die Ruhrbesetzung von Frankreich nur auf eine offensichtlich falsche und von keiner anderen Seite gebilligte Auslegung gewisser Bestimmungen des Versailler Vertrages gestützt werden konnte. Die schiedliche Austragung von Rechtsstreitigkeiten zwischen Frankreich und Deutschland bedeutet überhaupt einen entscheidenden Wendepunkt in der bisherigen alliierten Politik, die in allen grundlegenden Fragen auf einer einseitigen diktatorischen Handhabung des Versailler Vertrages beruhte.

3. Neben diesen konkreten Vorteilen stehen aber Vorteile von viel weitergehender allgemein-politischer Bedeutung. Die grundsätzlich verschiedene Behandlung der deutschen West- und Ostgrenzen in dem Vertragswerk führt notwendig dazu, daß es künftig deutsche Grenzen erster und zweiter Klasse gibt. Die Revisibilität der Ostgrenzen ist dadurch sozusagen Gegenstand der internationalen Rechtsordnung geworden. Die Schiedsverträge mit Polen und der Tschechoslowakei enthalten in keiner Weise eine Anerkennung der Ostgrenzen. Es handelt sich um Schiedsverträge ganz gewöhnlicher Art, die sich in ihrer politischen Tragweite nicht von den sonst üblichen Schiedsverträgen unterscheiden. Auch aus den auf den ersten Blick vielleicht auffallend erscheinenden Worten der Präambel der östlichen Schiedsverträge können keine anderen Schlußfolgerungen gezogen werden, da diese Präambel lediglich selbstverständliche Rechtssätze enthält, die neben der allgemeinen Friedensversicherung den Unterschied zwischen dem in Schiedsvertrag vorgesehenen Schiedsgerichts- und Vergleichsverfahren umschreiben.

4. Der ursprüngliche französische Plan einer besonderen Garantie Frankreichs für die östlichen Schiedsverträge ist gescheitert. Frankreich hat keinen besonderen Titel erhalten, um zu Gunsten Polens intervenieren zu können. Es hat lediglich wie Deutschland, nach Artikel 2 Absatz 2 des Westpaktes die allgemeinen Rechte, die sich aus Artikel 16 und Artikel 15 Abs. 7 der Völkerbundsatzung ergeben. Artikel 16, der Verpflichtungen der Bundesmitglieder festsetzt, hätte durch einen Pakt zwischen einzelnen Mächten überhaupt nicht geändert werden können. Artikel 15 Abs. 7 konnte dagegen durch vertragliche Einzelabmachungen geändert werden, und das ist auch insofern geschehen, als Frankreich und Deutschland auf Grund dieser Bestimmungen nur dann den Kriegsverzicht durchbrechen dürfen, wenn das gegen einen Staat geschieht, der

einseitig zum Angriff übergegangen ist. Wenn also nach fruchtlosen Vergleichs- und Völkerbundratsverfahren ein Krieg zwischen Deutschland und Polen ausbräche, könnte Frankreich nicht mehr nach freiem Belieben, sondern nur dann gegen Deutschland eingreifen, wenn Deutschland der Angreifer ist. Die politische Sicherung für Deutschland liegt hierbei in der Garantie Englands, dass auf diese Weise auch in Ostkonflikte hineingezogen wird. Während also das französisch-polnische Bündnis ein ganz freies und an keinerlei Einschränkungen geknüpftes Bundesverhältnis war, ist dieses Bündnis jetzt in den ganz genau umgrenzten Rahmen der Artikel 16 und 15 Abs. 7 der Völkerbundsatzung eingezwängt worden. Daraus ergab sich ohne weiteres die Notwendigkeit für Frankreich, sein bisheriges Bundesverhältnis der durch den Westpakt geschaffenen neuen Situation anzupassen. Das ist in den Sonderverträgen zwischen Frankreich, Polen und der Tschechoslowakei, die keinen Bestandteil des Vertrages von Locarno bilden, geschehen. Es kann also nicht die Rede davon sein, daß auf einem Umwege doch die französische Garantie eingeführt sei; vielmehr handelt es sich um eine wesentliche Einschränkung der freien Handhabung des bestehenden französisch-polnischen Bündnisses.

5. Als Hauptfolge des Westpaktes dürfte die Tatsache zu beachten sein, daß sowohl England als auch Italien aus dem bisherigen Allianzverhältnis mit Frankreich gelöst werden. Sonderbündnisse zwischen diesen Westmächten werden durch den Pakt ausgeschlossen. Alle beteiligten Mächte einschließlich Deutschlands bilden eine Sonderfriedensgemeinschaft, bei der alle Mitglieder in dem gleichen Verhältnis zueinander stehen. Die Tatsache, daß dies in einem feierlichen Vertrage festgelegt worden ist, ragt in ihrer politischen Bedeutung weit über die Frage hinaus, ob England und Italien gegebenenfalls ihre Garantieverpflichtungen wohl erfüllen würden.

Historische Einordnung

Die hier abgedruckten zentralen Quellen interpretieren den Vertrag von Locarno aus der internen Perspektive des deutschen Auswärtigen Amtes. In ihnen wird dessen Kurs ohne Beschönigungen oder Anpassung an die Öffentlichkeit dargelegt. Diese amtliche Interpretation des Vertrages ist von hoher Bedeutung, da der Vertrag Ende Oktober im

Mittelpunkt einer intensiven innen- und außenpolitischen Diskussion stand.

In der Geschichtsschreibung wird der Vertrag in der Regel positiv bewertet. Er habe eine neue deutsche, aber zugleich auch eine neue europäische Politik eingeleitet. Zum einen sei durch ihn die deutsche Westgrenze (erneut) vertraglich festgelegt worden, diesmal aber mit freiwilliger Zustimmung der deutschen Seite, anders als 1919 im Versailler Vertrag. Das habe beruhigend auf Frankreich gewirkt, besonders weil diese neue Grenzziehung durch England und Italien garantiert worden sei.

Zum anderen hätten sich mit diesem Vertrag Umrisse eines neuen politischen Systems abgezeichnet. Gegenseitiges Vertrauen sollte in Zukunft die Politik in Europa bestimmen, in der Deutschland fortan als gleichberechtigte Großmacht anerkannt worden sei. Das Abkommen könne daher als ein erster Schritt auf dem Wege zu einem befriedeten und vielleicht auch geeinten Europa verstanden werden, in das Deutschland sich als gleichberechtigter Partner integrieren wollte.

Kontext und Rahmenbedingungen

Die Ratifizierung des Vertrages von Locarno, eines der wichtigsten außenpolitischen Ereignisse in der Ära Stresemann, stand Ende Oktober 1925 auf der Kippe. Reichskanzler Luther (parteilos, später DVP) und Außenminister Stresemann (ebenfalls DVP) hatten sich in Locarno zwar für die deutsche Zustimmung zum Vertrag verbürgt, die stärkste Regierungspartei, die DNVP, lehnte das Vertragswerk jedoch ab, trotz des Drucks der deutschen Industrie, die eine Ratifizierung des Vertrages befürwortete. Die deutschnationalen Kabinettsmitglieder traten daher noch im Oktober aus dem Kabinett aus.

Angesichts dieser höchst verfahrenen Situation kam es der Regierung besonders darauf an, die Vorzüge des Vertrages zu betonen, um so die Gegner des Vertrages vielleicht noch umstimmen zu können. Das war insofern schwierig, als eine wichtige Forderung der deutschen Seite, die Beendigung der Besetzung der Rheinlande, in Locarno ohne konkrete Ergebnisse verhandelt worden war. Auch die erneute, freiwillige Anerkennung der deutschen Westgrenze war innenpolitisch höchst umstritten.

Im vorliegenden Runderlass zeigt sich nun, dass die deutschen Außenpolitiker den Vertrag von Locarno intern deutlich anders interpretierten als sie es nach außen verkündeten. Deutschland hatte sich offenbar eine Reihe juristischer Schlupflöcher offen gelassen, die ihm weitere Optionen ermöglichten. Das Dilemma bestand allerdings darin, dass es diese Auffassung nur indirekt, möglichst über Dritte, darlegen konnte, um die Harmonie von Locarno nicht zu zerstören.

Quelleninterpretation

Überlieferung, Quellensorte und Quellenwert

Die Quelle(n) befinden sich im Archiv des Auswärtigen Amtes, bei den Akten der Gesandtschaft in Bern. Sie sind zugleich auch in den ADAP (Akten zur Deutschen Auswärtigen Politik) veröffentlicht. Der hier benutzte Text wird durch einige persönliche Anmerkungen des deutschen Gesandten in der Schweiz, Adolf Müller, ergänzt.

Die Quelle setzt sich aus zwei Teilen zusammen, einem einleitenden Schreiben sowie einer umfangreicheren inhaltlichen Anlage. Der Inhalt der Quellen firmierte unter dem Signum „streng geheim“. Auch im Text des Rundschreibens wird verschiedentlich auf diese Tatsache hingewiesen.

In dem Rundschreiben forderte der Staatsekretär im Auswärtigen Amt die deutschen Gesandten und Botschafter in der ganzen Welt auf, die vom AA gewünschte Interpretation des Vertragswerkes diskret zu verbreiten – ohne dabei die Urheberschaft Deutschlands zu offenbaren. Die Anlage stellte wiederum die vor allem juristisch argumentierende, verbindliche Interpretation des Auswärtigen Amtes über den Locarnovertrag dar. Sie war fortan die offizielle Sprachregelung für die deutschen Diplomaten in aller Welt. Eine unverfälschtere Darstellung der Intentionen der deutschen Außenpolitik ist daher kaum vorstellbar.

Verfasser

Unterzeichnet ist das Mantelschreiben vom St.S. im Auswärtigen Amt, Carl von Schubert, der vollständig im Sinne Stresemanns argumentierte. Von Schubert, 1882 in Berlin geboren, der „Mann hinter Stresemann“, ein reicher Erbe aus dem schwerindustriellen Saarimperium der Familie von Stumm-Halberg, war seit 1923 Stresemanns kongenialer politischer Mitgestalter. Von Stresemann 1924 zum Staatssekretär befördert, steuerten er, Stresemann und Ministerialdirektor Wilhelm Gaus die Geschicke der deutschen Außenpolitik. Alle drei verband das gemeinsame Ziel, Deutschland wieder zu einer europäischen Großmacht zu machen.

Die Anlage dürfte aller Wahrscheinlichkeit vom Chefjuristen des Auswärtigen Amtes stammen, von Friedrich W. O. Gaus. Gaus, 1881 in Mahlum (Herzogtum Braunschweig) als Sohn eines Bauern geboren, gilt als Kronjurist der deutschen Außenpolitik, sowohl in der Weimarer Republik als auch im „Dritten Reich“. Trotz seiner Fähigkeiten, die er ohne Schwierigkeiten auch den Nationalsozialisten (Vertrag mit der Sowjetunion 1939) zur Verfügung stellte, wurde er jedoch nie Mitglied der NSDAP.

Als Ministerialdirektor seit 1923 im AA, Abteilungsleiter und weltweit anerkannter Völkerrechtler sicherte er die Außenpolitik Stresemanns juristisch ab. Der Sachkenntnis von Gaus war es offensichtlich zu verdanken, dass die deutsche Außenpolitik im Vertrag von Locarno Optionen offen hielt, die auf den ersten Blick nicht jedermann klar wurden. Gaus sicherte gewissermaßen den doppelten Boden der deutschen Außenpolitik juristisch ab.

Hinweise zur Interpretation

Eindeutig steht diese Quelle im Gegensatz zu den gängigen Interpretationen der Stresemannschen Außenpolitik Mitte der 20er Jahre und speziell zur Bewertung des Locarno-Vertrages. In fünf knappen Punkten erläuterte die Spitze des Auswärtigen Amtes den führenden deutschen Diplomaten in der ganzen Welt ihre mit dem Abschluss des Vertrages von Locarno verbundenen politischen Absichten. Diese passten allerdings nur partiell zu den offiziellen Kundgebungen. Daher auch der hohe Grad an Geheimhaltung der Quellen, denn der Vertrag wurde hier gewissermaßen „gegen den Strich“ interpretiert.

Der Text betonte vor allem die Vorteile für Deutschland und spielte mögliche Nachteile herunter. Es wurde etwa nur indirekt erwähnt, dass Deutschland beabsichtigte, in den Völkerbund einzutreten, obwohl in Locarno verabredet worden war, dass Deutschland als ständiges Ratsmitglied in den Völkerbund aufgenommen werden sollte. Da das aktuell noch nicht auf der Agenda stand und der Eintritt innenpolitisch höchst kontrovers diskutiert wurde, wollte das AA diesen kritischen Punkt offenbar nicht zu sehr betonen.

Um zuerst auf die „Nachteile“ des Vertrages einzugehen: Die deutschen Wünsche, die besetzten Gebiete, zumindest die durch die Ruhrbesetzung und in der dritten Besatzungszone noch unfreien Gebiete, möchten alsbald geräumt werden, wurden durch den Vertrag nicht erfüllt. Ein Erfolg wäre hier sicherlich für die deutsche Öffentlichkeit und den rechten Koalitionspartner, die DNVP, von größter Bedeutung gewesen. Hier gab es jedoch nur sehr vage mündliche Versprechungen der französischen Seite. Das wurde in Deutschland heftig kritisiert und bestimmte weitgehend die ablehnende Haltung der DNVP.

Demgegenüber betonte das AA die Vorteile, die Deutschland

durch die Garantie seiner Westgrenze erlangt habe. Die Garantie der französischen Ostgrenze und der Gewaltverzicht seien – so das AA – nur temporär zu verstehen. Dieser (vorläufige) Verzicht sei keine nochmalige Anerkennung des Versailler Vertrages und praktisch nicht von großer Bedeutung, da Deutschland im Jahr 1925 – anders als Frankreich – über keinerlei Mittel verfüge, um diese Grenze mit Gewalt zu verändern. Insofern hätte allein Deutschland Vorteile durch einen Gewaltverzicht. Ein Einmarsch nach Deutschland, wie 1923 durch Franzosen und Belgier geschehen, würde jetzt praktisch ausgeschlossen.

Von allergrößter Bedeutung war nach deutscher Interpretation aber das, was nicht im Vertrag stand. Zusammengefasst sah der Vertrag nach deutschen Vorstellungen vor – und das war eine gerade sensationelle Interpretation – dass es mit Abschluss des Vertrages nun Grenzen zweier Qualität gäbe: Eine garantierte Grenze zu Frankreich und Belgien, aber auch eine nicht garantierte zu Polen. Daraus leitete das Auswärtige Amt die indirekte Erlaubnis ab, diese Grenze bei einer geeigneten Gelegenheit zu Deutschlands Gunsten verändern zu können. „Die Revisibilität der Ostgrenzen" – so das Auswärtige Amt (Z. 87 ff.) – „ist dadurch [durch den Locarnovertrag] sozusagen Gegenstand der internationalen Rechtsordnung geworden".

Insofern stellte der Vertrag von Locarno keine neue Friedensordnung in Europa dar, sondern – so das AA – geradezu das Gegenteil. Es eröffnete Deutschland die Chance, diesen Frieden zu einem günstigen Zeitpunkt stören zu können. Deutschland sah daher im Vertrag von Locarno in erster Linie eine Bestätigung seiner Politik, die auf Revisionen der Grenzen im Osten abzielte. Der Westpakt stellte in diesem Sinne nur eine Rückendeckung für eine solche offensive Politik dar.

Zudem schwächte der Vertrag die Position Polens auch international. Der ursprüngliche Sicherheitspakt, den Frankreich nach dem Versailler Vertrag mit Polen abgeschlossen hatte, wurde in Locarno durch einen Vertrag ersetzt, der nach deutscher Interpretation keineswegs dieselbe Substanz wie der vorherige Vertrag hatte. Polen war zudem als selbständiger Akteur aus den engeren Verhandlungen von Locarno ausgeschlossen worden, hatte dort gewissermaßen nur am „Katzentisch" gesessen. Damit stand es in Zukunft auch nicht unter dem allgemeinen ideellen Schutz, der dem Locarno-Vertrag von allen Seiten zugesprochen wurde – anders als Deutschland, das seine bisherige Pariarolle nun mit Polen getauscht hatte.

Schließlich konnte Deutschland auch die positive Aufbruchstimmung, die durch den Vertrag von Locarno auszugehen schien, für sich nutzen. Deutschland konnte hoffen, dass das System von Versailles, das die europäische Politik, zumindest aus deutscher Sicht, bislang belastet hatte, überwunden werden würde. Damit hatte sich, so die Interpretation des AA, die Ausgangslage für die erhoffte Politik der Revisionen entscheidend verbessert, auch wenn das den Alliierten so nicht von Anfang an klar gewesen sein mochte.

Beurteilung, Einordnung, Würdigung

Die Anlage zu dem Rundschreiben des Auswärtigen Amtes entpuppt sich als eine zentrale Quelle, in der die Vorstellungen des Amtes für Gegenwart und Zukunft ungeschminkt dargestellt wurden. Das Ziel dieser Politik war, im Westen vorläufig Ruhe und Entspannung herzustellen. Dazu diente der Gewaltverzicht an der deutschen Westgrenze – und die Garantie dieser Grenze durch England und das faschistische Italien. Zugleich wurde dadurch Deutschland als Großmacht aufgewertet. Gleiches gilt für den im Pakt in Aussicht genommenen Eintritt Deutschlands in den Völkerbund mit einem ständigen Ratssitz, der Polen hingegen auf deutsches Drängen hin verweigert worden war.

Viel wichtiger waren jedoch die Folgen, die sich aus dem Vertrag für Polen und seine Grenze zu Deutschland ergaben. Deutschland interpretierte den Vertrag als eine indirekte Anerkennung seiner Bestrebungen, die deutsche Grenze auf Kosten Polens nach Osten verschieben zu können. Ganz deutlich zeigt die Quelle, dass Deutschland mit seinen gegenwärtigen Ostgrenzen, und das hatten die anderen Vertragsmächte indirekt anerkannt, nicht einverstanden war und sie, sobald es möglich war, verändern würde. Mit welchen Mitteln das Geschehen konnte, bleibt offen.

Insofern sicherte der Locarnopakt keineswegs den Status quo in Europa, auch wenn das viele Betrachter glaubten. Die Stresemannsche Außenpolitik, als Friedenspolitik in der Forschung anerkannt, muss nach der Analyse dieser Quelle zwar nicht umgeschrieben, sie muss jedoch kritischer betrachtet werden. Ob mit dem Vertrag von Locarno eine neue Ära des Vertrauens und der Kooperation in der europäischen Politik eingetreten war, bleibt daher zumindest fraglich. Um das infrage zu stellen, reicht die Analyse eines einzigen, wenn auch wichtigen Dokumentes allerdings nicht aus.

Literaturhinweise

Blessing, Ralph: Der mögliche Frieden. Die Modernisierung der Außenpolitik und die deutsch-französischen Beziehungen 1923–1929, München 2008.

Karl Heinrich Pohl: Deutschland und Polen. Überlegungen zur „Europäischen Verständigungspolitik" Gustav Stresemanns, in: Studia Historica Slavo-Germanica 26 (2006), S. 223–244.

Der lange Schatten von Locarno

Die Quelle: Wahlplakat der DNVP aus dem Jahr 1928

Quelle: Locarno? Wählt deutschnational! Politisches Plakat. DNVP. Entwurf: Erwin Reusch, Druck: Institut Moser, Berlin, W 34. V. Deutschnationale Schriftenvertriebsstelle, 1928 (Wolfgang Fuhrmannek, Hessisches Landesmuseum Darmstadt, CC BY-SA 4.0)

Historische Einordnung

Das Plakat stammt aus den „goldenen" Jahren der Weimarer Republik. In dieser Zeit dominierten Bürgerblockregierungen, was in Innen- und Außenpolitik zu einem deutlichen Rechtsruck führte. Die Wahl des neuen Reichpräsidenten von Hindenburg (1925 als Nachfolger des verstorbenen Friedrich Ebert gewählt) verstärkte diese politische Verschiebung. Vor allem aber vertiefte der zunehmende Einfluss der rechtslastigen DNVP, die an verschiedenen Bürgerblockregierungen beteiligt war, den politischen Wandel.

Die Stabilität der Regierungen war allerdings immer trügerisch, denn die zahlenmäßig breite parlamentarische Basis der Regierungen Luther I und II (parteilos, später DVP) sowie Marx III und IV (Zentrum) täuschte über die innere Zerrissenheit der Bürgerblockregierungen hinweg. Vor allem stellte die Regierungsbeteiligung der antiparlamentarisch eingestellten DNVP das Bündnis ununterbrochen vor Zerreißproben. Es war nie sicher, ob und wie lange die Partei ihren gouvernementalen Kurs beibehalten würde.

Trotz der offenen und versteckten Opposition der DNVP schienen sich die Dinge außenpolitisch allerdings positiv zu entwickeln. Deutschland trat 1926 als Mitglied des Rates in den Völkerbund ein. Auch über Reparationsfragen wurde seit 1924 (Dawes-Plan) wieder verhandelt. Nur hinsichtlich der Räumung der besetzten Gebiete gab es kaum Fortschritte. Deswegen stand die Stresemannsche Außenpolitik noch immer in der Kritik der rechten Parteien, insbesondere der DNVP.

Kontext und Rahmenbedingungen

Nach dem Bruch der bürgerlichem Koalition brachen im Wahlkampf des Jahres 1928 die Gegensätze zwischen „links" und „rechts" sowohl wegen der Innen- als auch vor allem der Außenpolitik massiv auf. Das Plakat, das sich gegen die Locarnopolitik Stresemanns richtete, stammte – das zeigt die Brisanz der Auseinandersetzungen – von der (noch) an der Regierung Marx IV beteiligten DNVP. Es richtete sich aber trotzdem gegen den eigenen Außenminister. Die DNVP, aber auch die NSDAP, kritisierten im Wahlkampf vor allem die Besetzung des Rheinlandes, das nach ihrer Ansicht unerträgliche Verhalten der Besatzungsmächte und die „Knechtung" der deutschen Bevölkerung im besetzten Gebiet.

Quelleninterpretation

Überlieferung, Quellensorte, Quellenwert

Das Wahlplakat der DNVP ist eine Druckgrafik mit dem Titel: „Locarno? Wählt deutschnational!" aus dem Jahr 1928. Es ist in vielen Archiven der Bundesrepublik (u.a. Berlin, Darmstadt) überliefert und gehört zu einem Zyklus ähnlicher Plakate mit derselben Zielrichtung. Die Deutschnationale Schriftenvertriebsstelle GmbH in Berlin finanzierte diese Reihe, die im Auftrag der DNVP vertrieben wurde.

Politische Plakate sind Quellen, die meist in großer Stückzahl produziert und dazu genutzt werden, um in der Öffentlichkeit bewusst die Aufmerksamkeit auf die Politik einer bestimmten Gruppierung zu lenken, für sie zu werben. Wahlplakate dienen zwar auch der Meinungsbildung, vor allem aber dienen sie der Verstärkung bereits vorhandener Auffassungen. Sie (be)nutzen dazu meist einen emotionalisierenden Ansatz, setzen weniger auf eine (komplizierte) Informationsvermittlung. Verknappung und Reduktion sind ihre besonderen Kennzeichen.

Um unmittelbar eingängig zu sein und sich jedermann sofort zu erschließen, sind politische Plakate auffällig bis provokativ gestaltet. Dazu gehören eine schnelle eingängige Botschaft, klare und eindrückliche Bilder und knappe, sehr eingängige Parolen, gepaart mit grellen Farben und oft großen Buchstaben. Plakate sollen und müssen sich an das Auffassungsvermögen vieler sehr verschiedener Menschen anpassen. Deswegen bilden Bild und Wort oft eine Einheit. Auf diese Weise versuchen die Plakate den Betrachter zu fesseln und auf die von den Auftraggebern propagierte und gewünschte Zielsetzung hinzuleiten. Kurzum: Sie sollen den Leser in ihren Bann ziehen.

Politische Plakate sind ein wichtiges Instrument im Wettstreit der Parteien auf dem politischen Massenmarkt. Das gilt besonders für die Weimarer Republik in der die heutigen neuen Massenmedien noch keine Rolle spielten. Das Radio war noch nicht weit verbreitet und das Fernsehen noch nicht erfunden – vom Internet ganz abgesehen. Plakate konkurrierten daher nicht mit einer Fülle von Bildern, die durch andere, neue Medien alltäglich verbreitet wurden.

Als historische Quelle stechen Plakate dadurch hervor, dass in ihnen, höchst verdichtet und oft überspitzt, ein die Zeit betreffendes besonders brennendes politisches, ökonomisches oder auch soziales Problem – und zugleich auch die Meinung der Verfasser dazu – auf den Punkt gebracht werden. Politische Plakate können daher oft als Indikatoren für wichtige Zeitströmungen gedeutet werden. Dabei spiegelt die Quellensorte besonders die Emotionalisierung in bestimmten Fragen wider, ein wichtiges Moment für eine Analyse.

Plakatgestalter, Auftraggeber und Adressaten

Das vorliegende Plakat wurde von Erwin Reusch (geboren 1889 in Koblenz, gestorben 1936 in Berlin) ausgearbeitet. Der Graphiker hatte in Berlin die Kunstgewerbeschule und die Reimannsschule besucht und zugleich ein Maschinenbauingenieursstudium absolviert. In der Reichshauptstadt galt er als renommierter Plakatkünstler und Werbegraphiker. Politisch stand Reusch der DNVP nahe, für die er eine Fülle von Plakaten entwarf. Die wohl bekanntesten Arbeiten sind das hier abgebildete Plakat sowie sein Wahlplakat von 1932: „Mehr Macht dem Reichspräsidenten / Weg mit der Alleinherrschaft der Parlamente“.

Das von Reusch gestaltete Plakat war eine Auftragsarbeit der DNVP und warb für diese Partei und ihre Politik. Die DNVP war 1918 aus dem Zusammenschluss verschiedener Rechtsparteien des Kaiserreiches entstanden und bekämpfte seit ihrer Gründung mehr oder weniger intensiv das demokratische System der Weimarer Republik. Sie setzte sich für die Wiederherstellung der Monarchie ein und zeigte deutliche völkische, nationalistische, antisozialistische und antisemitische Tendenzen.

Mit Alfred Hugenberg (1865–1951), einem ehemaligen Alldeutschen und aktivem Direktor bei Krupp, wurde im Jahr 1929 ein Politiker und Ökonom zum Parteivorsitzenden gewählt, der einen verstärkten Rechtsruck der DNVP einleitete und damit viele gemäßigte Kräfte aus der Partei drängte. Dank ihm – dem Pressezaren der Weimarer Republik – verfügte die DNVP über ein gewaltiges Presseimperium, das aus einer Fülle von Verlagen, diversen Nachrichtendiensten, Werbeagenturen, Korrespondenzdiensten, Filmgesellschaften und geradezu unzähligen Zeitungsbeteiligungen bestand. Mit ihrer Hilfe konnte die DNVP ihre konservativen, nationalistisch-völkischen Parolen in Deutschland intensiv verbreiteten.

In der Tradition des Kaiserreiches appellierte die Partei dabei oft an rassistische Instinkte sowie an das Selbstverständnis der Deutschen, auch nach dem verlorenen Krieg eine Großmacht zu sein und von den Alliierten, besonders von den Franzosen, gedemütigt zu werden. Dieser extreme Kurs brachte der Partei im Jahre 1928 jedoch noch nicht den gewünschten Erfolg. Bei der Reichstagswahl im Mai 1928 büßte sie sogar 30 Sitze im Reichstag ein und verlor damit ihren Status als zweitstärkste Partei. Das war mit ein Grund für die nun immer stärker werdende Radikalisierung der Partei in der Ära Hugenberg.

Hinweise zur Interpretation

Plakate und Bilder lassen der Phantasie des Betrachters großen Raum, sie bieten höchst verschiedene Interpretationsmöglichkeiten. Trotz dieser prinzipiellen Offenheit sollen hier einige Anregungen für eine Interpretation gegeben werden. Andere Schwerpunktsetzungen wären aber durchaus möglich.

Beim ersten subjektiven Eindruck springen die besondere farbliche Gestaltung sowie die Verteilung der Farben auf der Plakatfläche ins Auge. In der unteren Bildhälfte dominieren Gelb, Orange, Rötlich, was eine goldene Farbwirkung zur Folge hat. Das könnte zur Assoziation „liebliche Landschaft im Licht eines romantischen Sonnenaufganges" führen. Die Farben könnten aber auch, insofern ist die Wirkung durchaus ambivalent, mit Feuer oder ähnlichem in Verbindung gebracht werden. Das wiederum könnte zur Vorstellung einer Bedrohung führen: Die an sich „liebliche Landschaft" ist in Gefahr.

Im starken Kontrast dazu steht die obere Bildhälfte. Hier überwiegen die Farben Grau, Schwarz, Beige. Das könnte man mit Dunkelheit und Rauch, aber auch allgemein mit „Bedrohung" verbinden. Das „Dunkle" in der oberen Bildhälfte drückt zudem auf das „Helle" im unteren Teil des Plakates. Das verstärkt die Wirkung einer möglichen Gefahr (vielleicht eines aufkommenden Gewitters), das mit dem Dunklen gemeint sein könnte. Dieser Aspekt nimmt den größeren Teil des Bildes ein.

Auf dem Plakat ist ganz offensichtlich die Rheinlandschaft zu sehen, mit Weinanbau, einem angedeuteten hübschen kleinen Dörfchen, mit Kirche und Burg. Darunter fließt ein Fluss, wahrscheinlich der (deutsche) Rhein, auf dem einige Schiffe fahren. Das Ganze ist zwar in helles Licht getaucht, wirkt aber, mitbedingt durch den dräuenden Himmel, schutzbedürftig und zugleich wegen seiner Schön- und Reinheit schützenswert.

Diese Schönheit ist jedoch massiv bedroht, so die Botschaft der oberen Hälfte. Sie lautet: Die deutsche Idylle ist in tödlicher Gefahr. Sie ist zum einen durch Dunkelheit und (vielleicht?) ein schlimmes Unwetter, das auf die Rheinlandschaft drückt, bedroht, zum anderen – und das sehr konkret – durch die abgebildete Figur. Diese stellt einen riesigen kriegerischen Mann dar. Er wirkt dominant, obwohl er nur im Hintergrund zu sehen ist. Gerade das Schemenhafte der Figur verstärkt das Unheimliche. Der Mann hat einen Helm auf und trägt ein Gewehr mit Bajonett. Das alles wirkt höchst angsteinflößend, bedrohlich und kriegerisch.

Die Figur hat – das soll das Angsteinflößende ganz offensichtlich noch verstärken – stereotypische zentralafrikanische Gesichtszüge, das zeigen neben der Gesichtsfarbe u.a. die deutlich dargestellten wulstigen Lippen und Nase sowie die raubtierartig wirkenden gelben Augen mit den kleinen Pupillen. All dies drückt auf das schöne Rheinland und kann nur eine Konsequenz haben: Die Schönheit wird durch die „schwarze Gefahr" tödlich bedroht. Eindeutig und ganz gezielt werden durch diese Darstellung rassistische Ängste geschürt und zugleich auf die militärische Gefahr für ein friedliches Land hingewiesen, die von diesem Mann ausgeht. Dieses „deutsche Land" ist friedlich und schön, nahezu waffenlos und damit verteidigungsunfähig.

Die positive Farbwirkung der Rheinlandschaft ist besonders auffällig – und gewollt. Um sie zu erzeugen, muss – zumindest theoretisch – über dem Kopf des Betrachters, also außerhalb des Plakates, noch blauer Himmel bzw. Sonnenaufgangsstimmung herrschen. Auf die Frage, woher dieses Positive kommen könnte, hat der Text eine eindeutige Antwort. Helligkeit, Glück, reines Deutschtum und Rettung gibt es nur von einer Partei: der DNVP.

Diese Partei – so die Botschaft – vertritt das wahre Deutschtum, das zeigt schon äußerlich die gewählte Schriftart, die zugleich Programm zu sein scheint. Die im unteren Teil verwendete Frakturschrift war geradezu offizielle Amtsschrift im deutschen Kaiserreich gewesen, zu dem sich die DNVP auch in der Weimarer Republik bekannte. In der NS-Zeit wurde dann sogar lange Zeit darauf gedrungen, diese Schriftform als Ausdruck „deutschen Wesens" möglichst immer zu benutzen. Das deutet bereits auf Kontinuitäten und auf gewisse Affinitäten zwischen DNVP und NSDAP hin.

Diejenigen jedoch, die nach dieser Darstellung Unglück über Deutschland gebracht hatten, wurden nicht nur von der Sache her als „Vaterlandsverräter" diffamiert, sondern sie wurden zugleich auch durch die angewendete Schriftart kenntlich gemacht. Die ihnen zuerkannte deutsche Schriftart, war in diesem Kontext ein Symbol dafür, dass sie dem „deutschen Wesen" nicht angemessen seien. So könnte man – wenn man sehr weit gehen will – die Gestaltung der Schrift deuten.

Auch die Schlagworte, die den Blick des Lesers fesseln und seinen Blick auf das Wesentliche des Plakates richten sollen, tragen die von der DNVP gewünschte Deutung bereits in sich. Das eine, in riesigen Lettern gedruckte Wort „Locarno", das zusätzlich mit einem Fragezeichen versehen ist, das die Fragwürdigkeit der dahinter stehenden Politik zusätzlich verdeutlichen könnte, ist eingetaucht ins Schwarze. Es ist zudem neben dem „schwarzen", unsympathisch und gefährlich wirkenden Soldaten so platziert, als ob beide miteinander ganz eng verbunden seien. Die Assoziation kann daher nur lauten: Locarno ist negativ, beschert Deutschland Besatzungssoldaten und dazu noch „schwarze". Das aber war die höchste Demütigung für einen „weißen" deutschen Menschen. Der auf der unteren Ebene des Plakates, in Frakturschrift geschriebene Text, sich deutlich von der Schreibschrift oben absetzend, ist dagegen tief ins Helle eingetaucht und verkündet die entscheidende Botschaft „Wählt deutschnational!". Diese Partei steht gewissermaßen für das Gute, steht für den abgebildeten deutschen Rhein, die deutsche Stadt und das gesamte „Deutschtum“.

Sehr deutlich gibt das Plakat damit das Selbstverständnis der DNVP wieder. Konkret – und das steht hier im Mittelpunkt – richtete sich die Kritik gegen die Außenpolitik Stresemanns. Sie wendete sich gegen eine „Verzichtpolitik“, die die Deutschen wehrlos den Franzosen unterwarf, eine Politik, die die Fremdbeherrschung des Rheinlandes auch zehn Jahre nach Kriegsende nicht verhinderte. Das aber hatte letztlich zur Folge, dass große Teile Deutschlands sogar von „schwarzen Soldaten“, von Kolonialtruppen, besetzt waren.

Zwei Aspekte könnten in diesem Kontext von besonderem Interesse sein. Zum einen die Kritik an Stresemanns Locarnopolitik im Allgemeinen und zum anderen die Rolle, die die „schwarze Schmach am Rhein“, also die Beteiligung schwarzer Kolonialsoldaten bei der Besetzung des Rheinlandes durch französische Truppen, in der politischen Auseinandersetzung der Zeit spielte.

Aus der Sicht der DNVP hatte Deutschland den Ersten Weltkrieg nicht verloren. Die Sozialisten hätten vielmehr Schuld, weil sie dem siegreich kämpfenden deutschen Heer in den Rücken gefallen seien. Den Vertrag von Versailles hatte die DNVP auch niemals akzeptiert, sondern immer als ungerechtes Diktat abgelehnt. Der Versuch Stresemanns, Realpolitik zu betreiben, wurde von der DNVP daher auch nie positiv bewertet, sondern als reine Verzichtpolitik gegeißelt.

In der mittleren Phase der Republik hatte sich innerhalb der DNVP allerdings zeitweilig ein gemäßigter Flügel durchgesetzt, der – auch aus ökonomischen Interessen – eine Regierungsbeteiligung wünschte, obwohl die Außenpolitik weiterhin von Stresemann betrieben wurde. Nach dem Abschluss des Locarno-Vertrages im Oktober 1925 setzte sich dann jedoch der radikale Flügel um Hugenberg innerhalb der DNVP durch, und es dominierte fortan eine besonders intensive Agitation gegen die Stresemannsche Außenpolitik und vor allem gegen den Vertrag von Locarno. Diese strikte Ablehnung bildete zugleich den Kitt, der die auseinanderdriftenden Flügel der Partei zusammenhielt.

Das Plakat ist daher auch unter diesen innen- und parteipolitischen Gesichtspunkten zu würdigen. Es galt, die Partei zusammenzuhalten – und dafür bot sich ein „Nein“ zu Locarno an. Zugleich versuchte die DNVP mit dem Rechtsschwenk in die Klientel der Völkischen einzudringen. Das Plakat steht insofern für das Abgleiten der Partei in den verstärkten Kampf gegen die Weimarer Republik, in einen Weg, der schließlich 1933 zu einer Partnerschaft mit der NSDAP und damit zum Ende der Demokratie von Weimar führte.

Der Kampf gegen die „schwarze Schmach am Rhein" stellt das zweite große Thema des Plakates dar, ein Aspekt, der zum einen eng mit dem Kampf der DNVP gegen die Politik von Locarno verbunden war, zum anderen aber auch einen empfindlichen Nerv in großen Teilen der deutschen Bevölkerung traf. Die Zielgruppe reichte also weit über die Klientel der DNVP hinaus.

Im Versailler Vertrag hatte Deutschland den Alliierten zugestanden, deutsche Gebiete jenseits des linken Rheinufers zeitlich begrenzt zwischen fünf und 15 Jahren besetzen zu können. Wegen der Sanktionen Frankreichs und Belgiens gegen Deutschland im Jahr 1923 vergrößerte sich dieses besetzte Gebiet zeitweise sogar noch erheblich. Diese Besetzung wurde von der deutschen Bevölkerung mehrheitlich als eine bewusste Demütigung erlebt und als ein besonders schlimmer Auswuchs des Versailler „Diktatfriedens" angesehen.

Hinzu kam ein weiterer, besonders negativ empfundener Faktor. Im Ersten Weltkrieg hatten die Alliierten auch farbige Soldaten aus ihren Kolonien eingesetzt. Bereits diese Tatsache wurde von der deutschen Seite während des Krieges als eine große Gefahr für die „europäische Kultur und Zivilisation" angesehen. Diese Gefahr potenzierte sich nun aus deutscher Sicht noch dadurch, dass sich nach dem Kriege unter den alliierten Besatzungstruppen auch etwa 30.000–40.000 farbiger Kolonialsoldaten befanden.

Die Anwesenheit dieser Kolonialtruppen wurde von fast allen politischen Parteien abgelehnt. Sie wurde „als bleibende Schmach für die ganze weiße Rasse und für das Sittlichkeitsempfinden der zivilisierten Welt" interpretiert.[1] Selbst der sozialdemokratische Reichspräsident Ebert fand, „dass die Verwendung farbiger Truppen niederster Kultur als Aufseher über eine Bevölkerung von der hohen geistigen und wirtschaftlichen Bedeutung der Rheinländer eine herausfordernde Verletzung der Gesetze europäischer Zivilisation" sei.[2]

Im Zuge der Verträge von Locarno trat nun allerdings eine gewisse Entspannung ein. Die Franzosen zogen in den folgenden Jahren ih-

---

1 Frau Ammann (BVP): Verhandlungen des Bayerischen Landtages, 59. Sitzung, 2. April 1929, München 2020, S. 165.

2 Friedrich Ebert: Schriften, Aufzeichnungen, Reden, Bd. 2, Dresden 1926, S. 290.

re Truppen aus dem nördlichen Rheinland zurück und reduzierten die Anzahl der farbigen Soldaten auf nur noch etwa 2.000 im noch besetzten Rheinland. Das war ein großer Erfolg der Stresemannschen Außenpolitik. Trotz dieser Tatsache aber forcierte die DNVP auch weiterhin die Kritik an der „schwarzen Schmach“. Sie betonte dabei vor allem die Übergriffe der Kolonialsoldaten auf „deutsche Frauen und Mädchen“ sowie die aus diesen Übergriffen hervorgegangenen „Bastarde“, also „Mischlingskinder“.

In dieser Propaganda sind deutliche Ansätze von Rassenhygiene, Rassentheorien und dann in der Folge – in den preußischen Ministerialbetrieben bereits diskutierte – Ideen von Zwangsterilisationen zu erkennen, die die DNVP massiv forderte. Gerade die Existenz von Mischlingskindern förderte die Diskussion um die „Reinerhaltung deutschen Blutes“, die im Nationalsozialismus ihren schrecklichen Höhepunkt fand.

Beurteilung, Einordnung, Würdigung

Das Plakat verweist auf die grundsätzlichen politischen Auseinandersetzungen und die tiefen Gräben zwischen den Parteien in der Weimarer Republik. Das Ziel Stresemanns, einen vorläufigen Ausgleich zwischen Deutschland und den Siegermächten des Ersten Weltkrieges zu suchen, wurde von den rechten Gegnern der Weimarer Republik, die sich in diesem Plakat artikulierten, geradezu diffamiert.

„Locarno“ stehe – so die Unterstellung – geradezu synonym für Deutschlands Niedergang insgesamt. Der Vertrag überlasse den alliierten Siegermächten „deutsches Land“, gäbe deutsche Souveränität und Größe preis, habe die besetzten Gebiete verspielt und lasse sogar zu, dass „deutsches Wesen“ und „deutsche Kultur“ in einem „deutschen Land“ von „minderwertigen schwarzen Besatzern“ zerstört und „deutsche Frauen“ von ihnen vergewaltigt würden.

Das Plakat – und damit die dafür verantwortliche DNVP – setzte mit seinen verkürzten Aussagen also bewusst auf einen latenten Rassismus gegenüber „Schwarzen“, der in der deutschen Bevölkerung allerdings weit verbreitet war. Das Plakat baute gezielt darauf auf und versuchte, sich diesen Rassismus zu Nutzen zu machen und für die eigenen Ziele zu instrumentalisieren. Diese Form der Agitation war zwar für die DNVP (und auch andere rechte Parteien) nicht völlig neu, lässt aber durch ihre Schärfe im Jahr 1928 den politischen Rechtsruck der DNVP mehr als deutlich erkennen.

Das im Plakat beschworene Schreckensbild traf allerdings – wenn es denn je so bestanden hätte – längst nicht mehr zu. Die Zahl der französischen Kolonialsoldaten in den besetzten Gebieten war erheblich gesunken. Ihre Stationierung beschränkte sich zudem auf nur noch wenige Gebiete, und nicht zuletzt war auch die Anzahl gemeldeter Übergriffe französischer „schwarzer" Soldaten auf „weiße Deutsche" erheblich zurückgegangen. Das demagogisch angelegte Plakat zeigt mithin, wie die DNVP bewusst Urängste innerhalb der deutschen Bevölkerung unabhängig von dem Wahrheitsgehalt der Aussagen zu stimulieren versuchte.

Das zentrale Dokument verdeutlicht zum einen die emotionale Wirkungskraft von politischen Plakaten und zeigt zum anderen, wie bereits in den mittleren Jahren, der ruhigen Phase der Weimarer Republik, die rechten bürgerlichen Parteien (vor allem die DNVP) versuchten, das parlamentarische System auszuhebeln und zudem Rassismus hoffähig zu machen. Die Wirkung dieser Politik sollte sich wenige Jahre später zeigen.

Literaturhinweise

Pommerin, Rainer: „Sterilisierung der Reinlandbastarde". Das Schicksal einer farbigen deutschen Minderheit 1918–1937, Düsseldorf 1979.

Sauer, Michael: „Hinweg damit!". Plakate als historische Quellen zur Politik- und Mentalitätsgeschichte, in: Paul, Gerhard: Visual History. Ein Studienbuch, Göttingen 2006, S. 37–56.

Die Rolle „der“ deutschen Industrie bei der Machtübernahme durch den Nationalsozialismus

Die Quelle: Eingabe von Industriellen, Bankiers und Großagrariern an Reichspräsident von Hindenburg 1932

November 1932

Ew. Exzellenz,
Hochzuverehrender Herr Reichspräsident!

Gleich Eurer Exzellenz durchdrungen von heißer Liebe zum deutschen Volk und Vaterland, haben die Unterzeichneten die grundsätzliche Wandlung, die Eure Exzellenz in der Führung der Staatsgeschäfte angebahnt haben, mit Hoffnung begrüßt. Mit Eurer Exzellenz bejahen wir die Notwendigkeit einer vom parlamentarischen Parteiwesen unabhängigen Regierung, wie sie in den von Eurer Exzellenz formulierten Gedanken eines Präsidialkabinetts zum Ausdruck kommt. Der Ausgang der Reichstagswahlen vom 6. November d.J. hat gezeigt, daß das derzeitige Kabinett, dessen aufrechten Willen niemand im deutschen Volk bezweifelt, für den von ihm eingeschlagenen Weg keine ausreichende Stütze im deutschen Volk gefunden hat, daß aber das von Eurer Exzellenz gezeigte Ziel eine volle Mehrheit im deutschen Volk besitzt, wenn man – wie es geschehen muß – von der staatsverneinenden Kommunistischen Partei absieht. Gegen das bisherige parlamentarische Parteiregime sind nicht nur die Deutschnationale Volkspartei und die ihr nahestehenden kleinen Gruppen, sondern auch die Nationalsozialistische Deutsche Arbeiterpartei grundsätzlich eingestellt und haben damit das Ziel Eurer Exzellenz bejaht. Wir halten dieses Ergebnis für außerordentlich erfreulich und können uns nicht vorstellen, daß die Verwirklichung dieses Zieles nunmehr an der Beibehaltung einer unwirksamen Methode scheitern sollte.

Es ist klar, daß eine des öfteren wiederholte Reichstagsauflösung mit sich häufenden, den Parteikampf immer mehr zuspitzenden Neuwahlen nicht nur einer politischen, sondern auch jeder wirtschaftlichen Beruhigung und Festigung entgegenwirken muß. Es ist aber auch klar, daß jede Verfassungsänderung, die nicht von breitester Volksströmung getragen ist, noch schlimmere wirtschaftliche, politische und seelische Wirkungen auslösen wird.

Wir bekennen uns frei von jeder engen parteipolitischen Einstellung. Wir erkennen in der nationalen Bewegung, die durch unser Volk geht, den verheißungsvollen Beginn einer Zeit, die durch Überwindung des Klassengegensatzes die unerläßliche Grundlage für einen Wiederaufstieg der deutschen Wirtschaft erst schafft. Wir wissen, daß dieser Aufstieg noch viele Opfer erfordert. Wir glauben, daß diese Opfer nur dann willig gebracht werden können, wenn die größte Gruppe dieser nationalen Bewegung führend an einer Regierung beteiligt wird.

Die Übertragung der verantwortlichen Leitung eines mit den besten sachlichen und persönlichen Kräften ausgestatteten Präsidialkabinetts an den Führer der größten nationalen Gruppe wird die Schwächen und Fehler, die jeder Massenbewegung notgedrungen anhaften, ausmerzen und Millionen Menschen, die heute abseits stehen, zu bejahender Kraft mitreißen.

In vollem Vertrauen zu Eurer Exzellenz Weisheit und Eurer Exzellenz Gefühl der Volksverbundenheit begrüßen wir Eure Exzellenz

mit größter Ehrerbietung

Dr. Hjalmar Schacht, Berlin; Kurt Freiherr von Schroeder, Köln; Fritz Thyssen, Mülheim; Eberhard Graf von Kalckreuth, Berlin; Friedrich Reinhard, Berlin; Kurt Woermann, Hamburg; Fritz Beindorff, Hamburg; Kurt von Eichborn, Breslau; Emil Helfferich, Hamburg; Ewald Hecker, Hannover; Carl Vincent Krogmann; Dr. Erwin Lübbert, Berlin; Erwin Merck, Hamburg; Joachim von Oppen, Dannenwalde; Rudolf Ventzky, Eßlingen (Württemberg); Franz Heinrich Witthoefft, Hamburg; August Rosterg, Berlin; Robert Graf von Keyserlingk, Cammerau; von Rohr-Manze; Engelbert Beckmann, Hengstey.

Quelle: Eberhard Czichon: Wer verhalf Hitler zur Macht? Zum Anteil der deutschen Industrie an der Zerstörung der Weimarer Republik, 5. Auflage, Köln 1978, Dokumentenanhang, Nr. 10, S. 69–71.

Historische Einordnung

Die hier abgedruckte Eingabe steht im Zentrum der Diskussion über die Frage, welchen Anteil „die" deutsche Industrie und führende Großagrarier an der Zerstörung der Weimarer Republik und an der Machtübergabe an die Nationalsozialisten hatten. In diesem Kontext wird besonders kontrovers diskutiert, ob und inwieweit diese Gruppen konkret den Reichspräsidenten von Hindenburg für ihre Ziele instrumentalisierten.

Der vorliegende Text und seine Verfasser und Unterzeichner werden in dieser kontroversen Diskussion sowohl von denjenigen genutzt, die den Anteil der Industrie besonders betonen und den Text als wichtigen Beweis für ihre Argumentation verwenden, als auch von ihren Kontrahenten, die diesen Einfluss eher begrenzt sehen und den gleichen Text für ihre anderslautende These ebenfalls als Argument nutzen. Der hier vorliegende „Schlüsseltext" kann also höchst unterschiedlich interpretiert werden.

Die Diskussion der mit dieser Quelle aufgeworfenen Fragen stand lange Zeit auch in einem hochpolitischen Kontext. Während Historiker aus der DDR und dem Kommunismus nahestehenden „Lager" den Einfluss des Großkapitals nahezu unisono durch diesen Text für klar bewiesen hielten, war die Meinung „westlicher" Historiker in dieser Frage eher offen. Viele von ihnen teilten zwar den „kommunistischen" Standpunkt, eine Mehrzahl von ihnen hielt sich jedoch in der Beurteilung eher zurück.

Wegen der politischen Brisanz des Problems wurden vielen der urteilenden Historiker zugleich auch noch politische Positionen zugeschrieben. Das führte zu zusätzlichen Schärfen in den Auseinandersetzungen und gar zu persönlichen Anfeindungen. Die Eingabe könnte insofern auch unter der Fragestellung zentral sein, inwieweit sich das politisch mitbeeinflusste Erkenntnisinteresse von Historikern in der jeweiligen Interpretation von historischen Quellen widerspiegelt.

Kontext und Rahmenbedingungen

Der nicht exakt datierte Brief vom November 1932 wurde von einem größeren Kreis von Persönlichkeiten an den Reichspräsidenten verfasst und ist in die Endphase der Weimarer Republik einzuordnen. Er geht auf die Situation der Republik nach den Wahlen vom 6. November 1932 ein. Der Wähleranteil der NSDAP war dabei von 37,4 % im Juli auf 33,1 % im November 1932 gefallen. Der Nimbus ihres scheinbar unaufhaltsamen Aufstiegs erhielt damit einen deutlichen Dämpfer.

Reichspräsident Hindenburg wollte auch weiterhin das Instrument der von ihm abhängigen Präsidialregierungen nutzen. Den „Parteienstaat“ und eine parlamentarische Demokratie lehnte er grundsätzlich ab. Er war allerdings auch kein direkter Anhänger der Nationalsozialisten und Hitlers, den er persönlich wenig schätzte. Gegen ihn hatte er schließlich noch vor kurzem einen heftigen Wahlkampf um das Amt des Reichspräsidenten geführt. Auch aus diesen Gründen war er erst einmal nicht bereit, Hitler zum Kanzler einer von ihm unterstützten Präsidialregierung zu ernennen.

Die Verfasser und die Unterzeichner sahen offenbar vor dem Hintergrund der Novemberwahlen, die der Regierung von Papen eine vernichtende Niederlage beschert hatten, keine Chancen für dessen weitere Präsidialregierung. Von Papen hatten die meisten von ihnen bisher unterstützt, da er sehr wirtschaftsfreundlich agiert hatte (z.B. Kürzung des Arbeitslosengeldes, Kürzung der Tariflöhne, Steuergutschein usw.) und ebenfalls an einem Abbau der Demokratie arbeitete. Seine Zeit schien jedoch abgelaufen zu sein, obwohl – wie die Unterzeichner wahrheitswidrig behaupteten – der gute Wille von Papens von der Mehrheit der Deutschen anerkannt würde. Nach den Wahlen vom November sahen die Unterzeichner, angesichts der Abneigung Hindenburgs gegen Hitler und die NSDAP, nun auch noch ihre Hoffnungen auf eine alsbaldige Ernennung Hitlers schwinden, ihre verbliebene Option.

In dieser Situation ergriffen wichtige Akteure des „Keppler-Kreises“ die Initiative. Der Kreis, der sich später zu dem berühmten „Freundeskreis Himmler“ weiter entwickelte, bestand zu dieser Zeit aus einer noch relativ kleinen Gruppe der NSDAP nahestehenden Wirtschaftsführer. Er hatte sich in den letzten Jahren der Weimarer Republik konstituiert, um die NSDAP zu unterstützen und Hitler Zugang zu wichtigen Persönlichkeiten der Wirtschaft zu verschaffen. Mit der Eingabe wollte diese Gruppe den Widerstand Hindenburgs gegen eine Ernennung Hitlers zum Reichskanzler überwinden und die Nationalsozialisten – vor allem im eigenen Interesse – endlich an die Macht bringen.

Quelleninterpretation

Überlieferung

Das Schreiben war ursprünglich im DZA (Deutsches Zentral Archiv, Potsdam) zu finden. Es wurde erstmalig von dem Ostberliner Historiker Albert Schreiner unter dem Titel: „Die Eingabe deutscher

Finanzmagnaten, Monopolisten und Junker für die Berufung Hitlers zum Reichskanzler (November 1932)", in: ZfG (Zeitschrift für Geschichtswissenschaft) 2 (1956), S. 366–369, publiziert. Seitdem ist dieser Text mehrfach auf seine Korrektheit geprüft und häufig abgedruckt worden.

Im Kontext dieses Schreibens gibt es eine Reihe weiterer Texte, die das Geschehen näher beleuchten. Dazu gehören die Dokumentation der Aktivitäten des Keppler-Kreises oder die Schreiben von bedeutenden Persönlichkeiten, die z.T. darin begründen, warum sie nicht unterschreiben könnten oder wollten. Diese und andere Quellen sind für die unterschiedlichen Interpretationen der Eingabe von erheblicher Bedeutung. Einige von ihnen sind ebenfalls in dem Buch von Czichon abgedruckt.

Zudem sind die Bezeichnungen der Eingabe durch den jeweiligen Herausgeber verändert worden. Der überzeugte Kommunist Schreiner sprach von „Finanzmagnaten, Monopolisten und Junkern", der eher „gemäßigte" Czichon, ebenfalls Anhänger des Kommunismus, nutzte hingegen die Begriffe „Industrielle, Bankiers und Großagrarier". Damit versuchte er offensichtlich die Bezeichnungen etwas zu entideologisieren und die Bedeutung der Unterzeichner ein wenig zu neutralisieren.

Quellensorte

Die Quellensorte „Eingabe" stammt aus Zeiten der konstitutionellen Monarchie. Sie bezeichnete dort ein Schriftstück der Unterordnung. Die altertümliche Form wurde hier wahrscheinlich bewusst gewählt, um den Reichspräsidenten an diese konstitutionellen Zeiten zu erinnern, wo „oben" und „unten" noch fest geregelt waren. Zweifellos war das ein geschickter Schachzug, um Hindenburg sowohl an die „bessere" alte Staatsordnung zu erinnern als ihm auch zu schmeicheln. Denn die Unterzeichner spielten damit ja bewusst ihre eigene Bedeutung herunter.

Die Eingabe (sie lief formal über Hindenburgs Staatssekretär Otto Meissner) zeigte zugleich, wo in Deutschland im Augenblick das Zentrum der Macht (nicht nur in den Augen der Unterzeichner) lag, nämlich bei dem Reichspräsidenten. Von einer möglichen Eingabe an den Kanzler, wie es in den früheren Jahren der Republik wohl sinnvoll gewesen wäre, oder einer Petition an den Reichstag wurde Abstand genommen. Auch formal, wegen der Wahl des Adressaten und der Form der Eingabe, hätte man diese neue Machtkonstellation am Ende der Weimarer Republik nicht besser verdeutlichen können.

Quellenwert

In der Zeit einer großen Ohnmacht des Reichstages und der Abhängigkeit der Regierungen von dem Wohlwollen und der Unterstützung durch den Reichspräsidenten wuchs der Einfluss von Verbänden, Organisationen und Einzelpersönlichkeiten erheblich. Sie füllten jetzt die politischen Leerstellen aus, die entstanden waren, und besaßen erheblichen Einfluss auf das neue Machtzentrum. Daher ist die Eingabe von wichtigen Persönlichkeiten aus dem Banken-, Wirtschafts- und Agrarbereich zu diesem Zeitpunkt von noch größerer Bedeutung, als sie es in früheren Zeiten der Weimarer Republik gewesen wäre. Die Quelle gibt daher Hinweise darauf, inwieweit dieser Personenkreis dabei mitgewirkt hat, die nationalsozialistische Diktatur zu installieren.

Zeitpunkt

Auffällig ist, dass diese wichtige Schrift kein genaues Datum trägt. Wahrscheinlich hofften die Verfasser bis zur letzten Sekunde auf weitere Unterschriften. Dabei standen sie sowohl im Kontakt mit Hitler, dem Schacht am 12. November über den Stand der Dinge Bericht erstattete, als auch mit von Papen, der auf dem Laufenden gehalten werden sollte. Die Eingabe muss dann spätestens am 19. November 1932 in der Präsidialkanzlei vorgelegt worden sein, weil St.S. Otto Meissner mit diesem Datum den Eingang bestätigte.

Auch der Ort der Übergabe zeigt die Machtverschiebung im System an und dokumentiert die Wertigkeit der Eingabe. Sie war repräsentativ gedruckt und von jedem Unterzeichner einzeln unterschrieben und wurde von Friedrich Reinhart, Mitglied des Keppler-Kreises, direkt und persönlich im Büro des Reichspräsidenten überreicht und dort von Meissner sofort Hindenburg übergeben – gleichfalls ein Zeichen dafür, wie wichtig auch für Meissner die Angelegenheit war.

Auffällig ist die zeitliche Überschneidung der Abgabe mit den Verhandlungen zwischen Hindenburg und Hitler. Die Denkschrift fiel mit dem Rücktritt von Papens am 17. November fast direkt zusammen, kann aber – aufgrund ihrer Genese – ursächlich damit nicht zusammenhängen. Sie war ja viel früher initiiert worden. In jedem Fall verstärkte der Rücktritt von Papens die Brisanz der Eingabe. Trotzdem aber lehnte Hindenburg in zwei Besprechungen, am 19. und 21. November, Hitlers Forderungen nach Führung des neuen Kabinetts ab, trotz des „frischen Eindrucks“ der Eingabe. Auch das sagt etwa über ihre Resonanz bei und den Stellenwert für Hindenburg aus.

Verfasser, Unterzeichner, Empfänger

Die Verfasser sind nicht direkt bekannt. Mit großer Wahrscheinlichkeit waren es jedoch Keppler, Schacht und von Schröder, die das Schreiben verfasst hatten. Diese wichtigen Repräsentanten des Keppler-Kreises dürften im Sinne der meisten Mitglieder gesprochen haben, denn die Hälfte der Unterzeichner gehörte dem Kreis an. Die Dominanz dieser deutlich für die NSDAP agierenden Gruppierung ist daher augenscheinlich.

Den Verfassern und Unterzeichnern, allesamt mehr oder weniger Anhänger der Nationalsozialisten, ging es darum, mit einem möglichst wirkungsvoll gestalteten Brief den Reichspräsidenten in ihrem Sinne zu beeinflussen. Deswegen versuchten sie, eine möglichst große Anzahl von bedeutenden Unterzeichnern zu gewinnen. Das stellte sich allerdings als äußerst mühselig heraus, denn nicht jeder angeschriebene Sympathisant wollte sich öffentlich zu Hitler und seiner Partei bekennen. Dieser Aspekt ist für eine Interpretation ebenfalls von großer Bedeutung.

Gezeichnet hatte das Schreiben schließlich eine Reihe von Industriellen, Bankiers und Großagrariern. Auch hier ist deren Bedeutung Interpretationssache und kann höchst verschieden bewertet werden. Im Einzelnen unterschrieben Schacht (Reichsbankpräsident), von Schröder (Bankier), Thyssen (Schwerindustrieller), Graf von Kalckreuth (Geschäftsführender Präsident des Reichslandbundes), Reinhardt (Aufsichtsratsvorsitzender der Commerz- und Privatbank), Woermann (Unternehmer, Reeder), Beindorff (Reichsverband der deutschen Industrie, Geschäftsführer), von Eichborn (Bankier), Helfferich (HAPAG, Vorsitzender des Aufsichtsrates), Hecker (Präsident der Industrie- und Handelskammer Hannover, seit 1936 SS-Oberführer), Krogmann (Reg. Bürgermeister von Hamburg), Lübbert (Unternehmer), Merck (Reichsverband der deutschen Industrie), von Oppen (Deutscher Landwirtschafsrat), Ventzky (Unternehmer), Witthoefft (Aufsichtsrat in verschieden Hamburger Firmen), Rosterg (Generaldirektor der Wintershall AG), Graf von Keyserlingk (Landwirtschaftsrat), Rohr-Manze (Landwirt) und Beckmann (Präsident des Westfälischen Landbundes). Es handelt sich zweifellos um eine illustre Schar von Unterzeichnern, über deren Bedeutung sich allerdings streiten lässt.

Der Empfänger, Reichspräsident von Hindenburg, war zu dieser Zeit die entscheidende Figur in der deutschen Politik. Der ehemalige Generalfeldmarschall, 1932 zum zweiten Mal mit Hilfe sozialdemokratischer und bürgerlicher Stimmen gegen Hitler zum Reichspräsidenten gewählt, war ein überzeugter Monarchist. Er war kein Verfechter der parlamentarischen Weimarer Demokratie, sondern immer noch tief im kaiserlich-autoritären Denken verankert. Dieser Mann stellte 1932 – nach seiner Wiederwahl – nun gewissermaßen das letzte Bollwerk gegen Hitler dar. Die von allen Demokraten erhoffte entschiedene Haltung des Reichspräsidenten gegenüber den Nationalsozialisten stand jedoch auf recht tönernen Füßen. Vor allem seine Abneigung gegen Hitler und dessen in der „Pseudoarmee“ der SA vereinten Anhänger ließ sie aber hoffen.

Ein Schreiben, in dem seine politischen Freunde, die Großagrarier zusammen mit anderen bedeutenden konservativen und industriellen Persönlichkeiten das Wort führten und das von seiner Entourage im Präsidialamt zudem wohlwollend begleitet wurde, mochte allerdings seinen Eindruck auf Hindenburg nicht verfehlen. Es kam daher darauf an, wie groß seine Antipathie gegen Hitler und dessen Gefolge war.

Hinweise zur Interpretation

Die Eingabe lässt viel Raum für unterschiedliche Sichtweisen. Im Folgenden sollen drei Aspekte näher beleuchtet werden. Zum einen geht es um die konkrete Textanalyse. Es wird etwa danach gefragt, welche Aspekte in dem Schreiben betont, wie und auf welche Weise auf den Reichspräsidenten und seine Vorstellungen eingegangen, wo Schwerpunkte gesetzt und welche Aspekte womöglich bewusst nicht berücksichtigt wurden.

Zum anderen ist die Bedeutung der Unterzeichner für die Bewertung des Schreibens wichtig. Dabei wäre zu analysieren, welche gesellschaftlichen und ökonomischen Gruppierungen sie repräsentierten, aber auch, welche wichtigen Gruppen nicht beteiligt waren. Zu fragen ist zudem, warum bedeutende konservativ gesonnene Persönlichkeiten fehlten und welche Gründe sie bewogen hatten, die Eingabe nicht zu unterschreiben.

Nicht zuletzt ist schließlich zu untersuchen, was das Schreiben grundsätzlich über das Verhältnis von Industriellen, Großagrariern und Bankiers zur Demokratie von Weimar aussagt. In diesem Kontext soll auch nach der Parteienfinanzierung gefragt werden. Wurde die

NSDAP von diesen Gruppen finanziell bevorzugt behandelt, mit dem Ziel, Einfluss auf sie und ihre Politik zu gewinnen und sie schließlich an die Macht zu bringen?

Die Eingabe zeigt – dies der erste Aspekt – ein großes Einfühlungsvermögen. Sie war offensichtlich der Denk- und Vorstellungsweise Hindenburgs gut angepasst und suchte vielfach eine gemeinsame Ebene zwischen Sender und Empfänger herzustellen. Das Schriftstück war im Ton höchst konziliant abgefasst, wie es sich gegenüber einem ehemaligen Generalfeldmarschall gehörte. Ihm könne man – so die Absicht der Absender – nur Anregungen, aber niemals Handlungsvorgaben machen. Die gewünschten Ziele wurden daher eher verschleiert genannt und in Gemeinsamkeiten verpackt.

Zweifellos war Hindenburg das Staatsoberhaupt der Weimarer Republik. Ihn mit Exzellenz anzusprechen war formal korrekt. Die Art und Weise jedoch, auch die Häufigkeit, mit der dieser Ausdruck gewählt wurde, und die damit – indirekt – gezeigte Unterwürfigkeit („Hochzuverehrender Herr Reichspräsident“) verblüffen. Sie zeigen – wie auch die Form des Schreibens als „Eingabe“ –, dass dieses Mittel bewusst benutzt wurde, um dem „alten Herrn“ zu schmeicheln, ihm in seiner Bedeutung zu hofieren. Man zeigte damit, dass man sich einem solch bedeutenden Mann selbstverständlich gern unterordnete.

Alle Unterzeichner standen – dies ein weiterer Punkt – parteipolitisch der NSDAP nahe, auch wenn sie nicht alle Mitglieder der Partei waren. Hindenburg verachtete ja den „Parteienstaat“ im Allgemeinen und die NSDAP im Besonderen. Er stand vielmehr für eine hierarchisch gegliederte „Volksgemeinschaft“ ohne Parteien. Das war mit ein Grund dafür, dass die Unterzeichner auch selber diesen Bezug („Volksgemeinschaft“) betonten und darüber hinaus bewusst erklärten, keiner politischen Partei anzugehören. Sie hoben hervor, dass sie nur das „Große“ und „Ganze“, das „deutsche Volk“ und seine Interessen insgesamt vertreten würden. Das aber traf in doppelter Hinsicht nicht zu. Zum einen waren sie mehrheitlich durchaus parteipolitisch gebunden und zum anderen gehörten aus ihrer Sicht die Kommunistische Partei und ihre Klientel – und implizit auch die Sozialisten nicht – zum „deutschen Volk“, das sie zu vertreten vorgaben. Mit ihrer Argumentation hofften sie jedoch genau Hindenburgs Denken zu treffen.

Die Art und Weise, wie die Unterzeichner die Gemeinsamkeiten vertieften, war ebenfalls äußerst geschickt und zielgerichtet gewählt. Sie unterstützten Hindenburgs Wunsch, die Mehrheit der Bevölkerung zu vereinen und Klassengegensätze zu überwinden. Sie unterstrichen die gemeinsame Ablehnung des gegenwärtigen parlamentarischen Parteienregimes, hoben demgegenüber Hindenburgs Leistungen hervor, die Staatsgeschäfte in eine neue Richtung gelenkt und den Parlamentarismus weitgehend ausgehebelt und damit einen Weg eingeschlagen zu haben, dem sie vorbehaltlos zustimmten.

Die Unterzeichner gerierten sich geradezu als Bewunderer dieses Erfolgs, obwohl sie Hindenburgs Zögern bei der Ernennung Hitlers zum Reichskanzler ablehnten. Auch die Betonung, der gemeinsamen heißen Liebe zum deutschen Volk und Vaterland, einer Liebe, die den Sozialisten fremd sei, traf sicherlich den richtigen Ton. Er schuf die emotionale Gemeinsamkeit, die notwendig war, um die eigenen Wünsche sinnvoll vermitteln zu können.

Der instrumentale Charakter der Eingabe zeigte sich dann vor allem in der Art und Weise, in der versucht wurde, das Hauptanliegen der Unterzeichner, nämlich die Ernennung Hitlers zum Reichskanzler, zu lancieren, ein Ziel, das Hindenburg nicht teilte. Die Entscheidung dafür wurde geradezu als eine Gewissenspflicht verkauft. Das musste Hindenburg, der sich als „Pflichtmensch" verstand, sicherlich besonders berühren.

Gewissermaßen zur Einstimmung auf diesem Wege betonten die Unterzeichner, wie sehr sie die Leistungen von Papens, von dem sie wussten, wie außerordentlich ihn Hindenburg schätzte, betonten. Die Unterzeichner bedauerten – scheinbar – dass dieser Weg mit von Papen nicht mehr gangbar sei und daher – leider – neue Wege gesucht werden müssten. Das war ein geradezu genialer Schachzug, denn der indirekte Vorschlag, Hitler zum Reichskanzler zu machen, wurde auf diese Weise als eine Empfehlung zur Fortführung der Präsidialkabinette getarnt, die Hindenburg favorisierte. Klar war jedoch, und das wussten die Unterzeichner, dass Hitler zwar die Abschaffung des Parlamentarismus wollte, aber eine Diktatur anstrebte und von einem Präsidialkabinett Hindenburgscher Art, das seinen Einfluss begrenzt hätte, nichts hielt.

Da die Unterzeichner die Abneigung des Reichspräsidenten gegen den „böhmischen Gefreiten" kannten, erwähnten sie auch seinen Namen an keiner Stelle, sondern sprachen nur von einer Weiterentwicklung der bisherigen Politik – was sachlich und personell nicht zutraf. Der Hinweis auf „Schlacken und Fehler" wiederum, die der nationalsozialistischen Bewegung anhafteten (auch sie wurde in diesem Kontext bewusst nicht mit Namen genannt), zielte auf Hindenburgs Aversion gegen die Radaumethoden der Anhänger Hitlers ab.

Mit dieser Argumentation sollte Hindenburg glauben gemacht werden, dass die Partei seriöser, weniger rabiat auftreten und sich läutern werde, wenn sie erst einmal Regierungsverantwortung übernehmen könne. Hindenburg hatte es mithin – so die Intention des Schreibens – selber in der Hand, die Nationalsozialisten zu „pazifizieren" und seine Idee des Präsidialkabinetts weiter durchzusetzen. Das war aber nur dann möglich, wenn er Hitler zum Reichskanzler ernennen würde.

Von Bedeutung ist in diesem Zusammenhang auch – dies ein zweiter wichtiger Aspekt –, welche Bedeutung die Unterzeichner des Schreibens innerhalb der deutschen Wirtschaft, insbesondere innerhalb der deutschen Industrie besaßen. Dieser Punkt war lange Zeit heftig umstritten. Führende Historiker – besonders aus der DDR – sprachen von einigen Dutzend der ökonomisch mächtigsten Männer Deutschlands, die unterschrieben hätten. Andere Historiker hingegen verwiesen auf die Abwesenheit fast aller bedeutender Industrieller nicht nur aus dem Montanbereich, sondern auch aus den modernen Industrien wie etwa den Bereichen der Elektro-, Chemie- oder Optik-Technologien.

Auffällig ist bereits, wie schwer sich die Initiatoren taten, genügend Unterschriften von bedeutenden Persönlichkeiten einzusammeln. Etwa die Hälfte der potentiellen Unterzeichner, die namentlich angeschrieben, dann auch noch persönlich „bearbeitet" wurden und zudem bereits alle bekennende Sympathisanten eines autoritären Systems waren, weigerte sich, den Text zu unterschreiben. In der Regel ließen sie wissen, dass sie mit dem Unternehmen zwar sympathisierten, ihren Namen aber nicht in der Öffentlichkeit sehen und parteipolitisch nicht hervortreten wollten.

Viele von Ihnen hatten sich allerdings schon vorher offen etwa für die DVP (jetzt Staatspartei nach dem Zusammenschluss von DVP und DDP) und die DNVP engagiert. In einem Wahlaufruf vom November 1932 beispielsweise, der vom deutschen Ausschuss „Mit Hindenburg für Volk und Reich" herausgegeben worden war, unterschrieben insgesamt 339 Persönlichkeiten. Darunter fanden sich viele derjenigen wieder, die für die Eingabe des Keppler-Kreises angefragt wurden, sich aber dieser Stellungnahme entzogen. Dieser Ausschuss hatte gefordert, bei den anstehenden Reichstagswahlen vor allem die Parteien zu wählen, die das Kabinett von Papen stützten. Das jedoch waren nicht die Nationalsozialisten. Deren Wahl sollte durch diesen Aufruf ja gerade verhindert werden.

Analysiert man den Kreis der Unterzeichner genauer, ist festzustellen, dass von den führenden deutschen Industriellen eigentlich nur Fritz Thyssen unterschrieben hatte. Es fehlten, um nur einige Namen zu nennen, Paul Silverberg (Braunkohlenbergbau), Carl Duisberg, Hermann Schmitz (beide IG Farben), Carl Friedrich von Siemens (Elektro), Robert Bosch (Elektro), die Schwerindustriellen Florian Klöckner, Friedrich Springorum, Friedrich Flick, Paul Reusch (GHH), Karl Haniel (GHH), Albert Vögler, Walther Fahrenhorst und auch Otto Wolff (Vereinigte Stahlwerke) sowie Gustav Krupp und Ludwig Kastl (Chemie). Diese Tatsache aber relativiert die Bedeutung dieses Schreibens erheblich.

Diese Wirtschaftsführer waren im November 1932 offenbar (noch) nicht bereit, sich offen für die NSDAP und eine Kandidatur Hitlers einzusetzen. Das allerdings bedeutete keineswegs, dass sie für die Demokratie und ihre Institutionen eintraten. Im Gegenteil, sie alle befürworteten einen autoritären Staat. Die meisten von ihnen standen allerdings der DNVP deutlich näher als den radikalen Nationalsozialisten. Aus politischen, vor allem aber aus ökonomischen Interessen waren sie mit dem Präsidialkabinett von Papen höchst zufrieden. Von einer Diktatur der Nationalsozialisten vermochten sie in dieser Zeit noch keine Vorteile zu erkennen.

Das ambivalente, wenn nicht gar ablehnende Verhältnis „der" Großindustrie zur NSDAP und der Person Hitlers wird auch – dies ein dritter Aspekt – durch ihre Parteispendenpraxis erkennbar. Die Spenden flossen in der Regel allen Parteien von der politischen Mitte (DVP) bis rechts (DNVP, NSDAP) zu. Friedrich Flick etwa, der der NSDAP durchaus nahe stand und in den Vereinigten Stahlwerken das Sagen hatte, ist ein gutes Beispiel für diese Praxis. Er streute seine Unterstützung über alle bürgerlichen und rechten Parteien, ohne dabei die Nationalsozialisten zu bevorzugen. Das gleiche gilt für die IG Farben. Von ihnen erhielten die Nationalsozialisten – anders als die anderen Parteien – zudem erst seit 1932 Gelder. Die NSDAP bekam im Jahr 1932 von den Spenden in der Gesamtsumme von etwa 200.000 bis 300.000 Mark nur etwa 10 % bis 15 %.

Anders als es der erste Blick auf die Quelle erscheinen lässt, war die Mehrzahl der deutschen Wirtschaftsführer offenbar keine engagierten Anhänger des Nationalsozialismus. Sie favorisierte vielmehr das System der Präsidialkabinette in der Art von Papens und die Politik der DNVP. Was die Finanzierung betrifft, ergibt sich, dass „die" Wirtschaft vor allem die Gegner der NSDAP innerhalb der rechten Parteienlandschaft finanzierte.

Beurteilung, Einordnung, Würdigung

Die Eingabe von „Industriellen, Bankiers und Großagrariern" an den Reichspräsidenten vom November 1932 ist eine zentrale Quelle für die Diskussion der Frage, ob und inwiefern „die Kapitalisten" dabei halfen, Hitler an die Macht zu bringen und die Weimarer Demokratie zu zerstören.

Aus der Quelle ergibt sich, dass eine eher kleine Gruppe von Bankiers, Industriellen und Großagrariern versuchte, Hindenburg dafür zu gewinnen, Hitler möglichst noch im November 1932 zum Reichskanzler zu ernennen. Entscheidende wirtschaftliche Größen waren als Unterschreibende allerdings die Ausnahme. Insofern könnte man meinen, dass die Initiatoren mit ihrem Anliegen in dreifacher Hinsicht gescheitert seien. Zum einen konnten sie nicht genügend „schwergewichtige" Unterstützer für ihr Anliegen finden. Das relativierte das Gewicht der Eingabe. Zum anderen scheiterten sie, weil Hindenburg Hitler – entgegen den Wünschen der Unterzeichner – nicht zum Kanzler ernannte, zumindest noch nicht, wie gewünscht, im Jahr 1932. Drittens setzte Hindenburg den Reichswehrminister General von Schleicher, nicht jedoch Hitler, als Reichskanzler ein. Schleicher indessen war den Industriellen wegen möglicher sozialistischer Tendenzen besonders suspekt. Das Gegenteil des Gewünschten trat also – zumindest kurzfristig – ein.

Ein solches Urteil greift jedoch deutlich zu kurz. Von einem Scheitern der grundsätzlichen Bemühungen dieser wirtschaftlichen Kräfte kann keine Rede sein. Im Gegenteil: Die eher ambivalente Haltung vieler Persönlichkeiten aus der Wirtschaft gegenüber Hitler und seiner Partei darf nicht zu dem Fehlschluss führen, sie hätten mit der Machtübernahme Hitlers nichts zu tun gehabt. Selbst dann, wenn viele Industrielle eher zur DNVP tendierten, bedeutete das nicht, dass sie für eine Demokratie eintraten.

Im Gegenteil: Fast alle Wirtschaftsführer lehnten die Demokratie von Weimar ab und wünschten sich einen autoritären Staat. Diese negative Einstellung war von viel größerer Bedeutung als das negative Ergebnis der konkreten Eingabe. Sehr viel spricht dafür, dass die Gegnerschaft von Industrie, Banken und Großagrarier gegen die parlamentarische Weimarer Demokratie der Herrschaft der Nationalsozialisten und der Kanzlerschaft Hitlers den Weg bereitete.

Literaturhinweise

Czichon, Eberhard: Wer verhalf Hitler zur Macht? Zum Anteil der deutschen Industrie an der Zerstörung der Weimarer Republik, Köln, 5. Auflage 1978.

Turner, Henry Ashby jr.: Faschismus und Kapitalismus in Deutschland. Studien zum Verhältnis zwischen Nationalsozialismus und Wirtschaft, Göttingen 1972.

Der „letzte Demokrat“ im Kampf gegen das „Ermächtigungsgesetz“

Die Quelle: Rede von Otto Wels (SPD) vom 23. März 1933 in der Berliner Krolloper

Meine Damen und Herren! Der außenpolitischen Forderung deutscher Gleichberechtigung, die der Herr Reichskanzler erhoben hat, stimmen wir Sozialdemokraten um so nachdrücklicher zu, als wir sie bereits von jeher grundsätzlich verfochten haben.

(Sehr wahr! Bei den Sozialdemokraten.)

Ich darf mir wohl in diesem Zusammenhang die persönliche Bemerkung gestatten, daß ich als erster Deutscher vor einem internationalen Forum, auf der Bremer Konferenz am 3. Februar des Jahres 1919, der Unwahrheit von der Schuld Deutschlands am Ausbruch des Weltkrieges entgegengetreten bin.

(Sehr wahr! Bei den Sozialdemokraten.)

Nie hat uns irgendein Grundsatz unserer Partei daran hindern können oder gehindert, die gerechten Forderungen der deutschen Nation gegenüber den anderen Völkern der Welt zu vertreten.

(Bravo! Bei den Sozialdemokraten.)

Der Herr Reichskanzler hat auch vorgestern in Potsdam einen Satz gesprochen, den wir unterschreiben. Er lautet „Aus dem Aberwitz der Theorie von ewigen Siegern und Besiegten kam der Wahnwitz der Reparationen und in der Folge die Katastrophe der Weltwirtschaft“. Dieser Satz gilt für die Außenpolitik, für die Innenpolitik gilt er nicht minder.

(Sehr wahr! Bei den Sozialdemokraten.)

Auch hier ist die Theorie von ewigen Siegern und Besiegten, wie der Herr Reichskanzler sagte, ein Aberwitz. Das Wort des Herrn Reichskanzlers erinnert uns aber auch an ein anderes, das am 23. Juli 1919 in der Nationalversammlung gesprochen wurde. Da wurde gesagt: „Wir sind wehrlos, wehrlos ist aber nicht ehrlos.

(Lebhafte Zustimmung bei den Sozialdemokraten.)

Gewiss, die Gegner wollten uns an die Ehre, daran ist kein Zweifel. Aber daß dieser Versuch der Ehrabschneidung einmal auf die Urheber selbst zurückfallen wird, da es nicht unsere Ehre ist, die bei dieser Welttragödie zugrunde geht, das ist unser Glaube bis zum letzten Atemzug.“

(Sehr wahr! Bei den Sozialdemokraten, – Zuruf von den Nationalsozialisten: Wer hat das gesagt?)

Das steht in der Erklärung, die eine sozialdemokratisch geführte Regierung damals im Namen des deutschen Volkes vor der ganzen Welt abgegeben hat, vier Stunden, bevor der Waffenstillstand abgelaufen war, um den Weitervormarsch der Feinde zu verhindern. – Zu dem Ausspruch des Herrn Reichskanzlers bildet jene Erklärung eine wertvolle Ergänzung.

Aus einem Gewaltfrieden kommt kein Segen;

(Sehr wahr! Bei den Sozialdemokraten.)

Im Innern erst recht nicht.

(Erneute Zustimmung bei den Sozialdemokraten.)

Eine wirkliche Volksgemeinschaft lässt sich auf ihn nicht gründen. Ihre erste Voraussetzung ist gleiches Recht. Mag sich die Regierung gegen rohe Ausschreitungen der Polemik schützen, mag sie Aufforderungen zu Gewalttaten und Gewalttaten selbst mit Strenge verhindern. Das mag geschehen, wenn es nach allen Seiten gleichmäßig und unparteiisch geschieht, und wenn man es unterläßt, besiegte Gegner zu behandeln, als seien sie vogelfrei.

(Sehr wahr! Bei den Sozialdemokraten.)

Freiheit und Leben kann man uns nehmen, die Ehre nicht.

(Lebhafter Beifall bei den Sozialdemokraten.)

Nach den Verfolgungen, die die Sozialdemokratische Partei in der letzten Zeit erfahren hat, wird billigerweise niemand von ihr verlangen oder erwarten können, daß sie für das hier eingebrachte Ermächtigungsgesetz stimmt. Die Wahlen vom 5. März haben den Regierungsparteien die Mehrheit gebracht und damit die Möglichkeit gegeben, streng nach Wortlaut und Sinn der Verfassung zu regieren. Wo diese Möglichkeit besteht, besteht auch die Pflicht.

(Sehr richtig! Bei den Sozialdemokraten.)

Kritik ist heilsam und notwendig. Noch niemals, seit es einen Deutschen Reichstag gibt, ist die Kontrolle der öffentlichen Angelegenheiten durch die gewählten Vertreter des Volkes in solchem Maße ausgeschaltet worden, wie es jetzt geschieht,

(Sehr wahr! Bei den Sozialdemokraten.)

und wie es durch das neue Ermächtigungsgesetz noch mehr geschehen soll. Eine solche Allmacht der Regierung muß sich um so schwerer Auswirken, als auch die Presse jeder Bewegungsfreiheit entbehrt.

Meine Damen und Herren! Die Zustände, die heute in Deutschland herrschen, werden vielfach in krassen Farben geschildert. Wie immer in solchen Fällen fehlt es auch nicht an Übertreibungen. Was meine Partei betrifft, so erkläre ich hier: Wir haben weder in Paris um Intervention gebeten, noch Millionen nach Prag verschoben, noch übertreibende Nachrichten ins Ausland gebracht.

(Sehr wahr! Bei den Sozialdemokraten.)

Solchen Übertreibungen entgegenzutreten wäre leichter, wenn im Inlande eine Berichterstattung möglich wäre, die Wahres vom Falschen scheidet.

(Lebhafte Zustimmung bei den Sozialdemokraten.)

Noch besser wäre es, wenn wir mit gutem Gewissen bezeugen könnten, daß die volle Rechtssicherheit für alle wiederhergestellt sei.

(Erneute lebhafte Zustimmung bei den Sozialdemokraten.)

Das meine Herren, liegt bei Ihnen.

Die Herren von der Nationalsozialistischen Partei nennen die von ihnen entfesselte Bewegung eine nationale Revolution, nicht eine nationalsozialistische. Das Verhältnis ihrer Revolution zum Sozialismus beschränkt sich bisher auf den Versuch, die sozialdemokratische Bewegung zu vernichten, die seit mehr als zwei Menschenaltern die Trägerin sozialistischen Gedankengutes gewesen ist

(Lachen bei den Nationalsozialisten.)

und auch bleiben wird. Wollen die Herren von der Nationalsozialistischen Partei sozialistische Taten verrichten, sie brauchten kein Ermächtigungsgesetz.

(Sehr wahr! Bei den Sozialdemokraten.)

Eine erdrückende Mehrheit wäre Ihnen in diesem Hause gewiß. Jeder von Ihnen im Interesse der Arbeiter, der Bauern, der Angestellten, der Beamten oder des Mittelstandes gestellte Antrag könnte auf Annahme rechnen, wenn nicht einstimmig, so doch mit gewaltiger Majorität.

(Lebhafte Zustimmung bei den Sozialdemokraten.)

(Lachen bei den Nationalsozialisten.)

Aber dennoch wollen Sie vorerst den Reichstag ausschalten, um Ihre Revolution fortzusetzen. Zerstörung von Bestehendem ist aber noch keine Revolution. Das Volk erwartet positive Leistungen. Es erwartet durchgreifende Maßnahmen gegen das furchtbare Wirtschaftselend, das nicht nur in Deutschland, sondern in aller Welt herrscht.

Wir Sozialdemokraten haben in schwerster Zeit Mitverantwortung getragen und sind dafür mit Steinen beworfen worden.

(Sehr wahr! Bei den Sozialdemokraten.)

(Lachen bei den Nationalsozialisten.)

Unsere Leistungen für den Wiederaufbau von Staat und Wirtschaft, für die Befreiung der besetzten Gebiete werden vor der Geschichte bestehen.

(Zustimmung bei den Sozialdemokraten.)

Wir haben gleiches Recht für alle und ein soziales Arbeitsrecht geschaffen. Wir haben geholfen, ein Deutschland zu schaffen, in dem nicht nur Fürsten und Baronen, sondern auch Männern aus der Arbeiterklasse der Weg zur Führung des Staates offensteht.

(Erneute Zustimmung bei den Sozialdemokraten.)

Davon können Sie nicht zurück, ohne Ihren eigenen Führer preiszugeben.

(Beifall und Händeklatschen bei den Sozialdemokraten.)

Vergeblich wird der Versuch bleiben, das Rad der Geschichte zurückzudrehen. Wir Sozialdemokraten wissen, daß man machtpolitische Tatsachen durch bloße Rechtsverwahrungen nicht beseitigen kann. Wir sehen die machtpolitische Tatsache ihrer augenblicklichen Herrschaft. Aber auch das Rechtsbewußtsein des Volkes ist eine politische Macht, und wir werden nicht aufhören, an dieses Rechtsbewußtsein zu appellieren.

Die Verfassung von Weimar ist keine sozialistische Verfassung. Aber wir stehen zu den Grundsätzen des Rechtsstaates, der Gleichberechtigung, des sozialen Rechtes, die in ihr festgelegt sind. Wir deutschen Sozialdemokraten bekennen uns in dieser geschichtlichen Stunde feierlich zu den Grundsätzen der Menschlichkeit und der Gerechtigkeit, der Freiheit und des Sozialismus.

(Lebhafte Zustimmung bei den Sozialdemokraten.)

Kein Ermächtigungsgesetz gibt Ihnen die Macht, Ideen, die ewig und unzerstörbar sind, zu vernichten. Sie selbst haben sich ja zum Sozialismus bekannt. Das Sozialistengesetz hat die Sozialdemokratie nicht vernichtet. Auch aus neuen Verfolgungen kann die deutsche Sozialdemokratie neue Kraft schöpfen.

Wir grüßen die Verfolgten und Bedrängten. Wir grüßen unsere Freunde im Reich. Ihre Standhaftigkeit und Treue verdienen Bewunderung. Ihr Bekennermut, ihre ungebrochene Zuversicht –

(Lachen bei den Nationalsozialisten.) (Bravo! Bei den Sozialdemokraten.)

verbürgen eine hellere Zukunft.

(Wiederholter Beifall bei den Sozialdemokraten.)

(Lachen bei den Nationalsozialisten.)

Quelle: Verhandlungen des Reichstags, VIII. Periode, Bd. 457, 2. Sitzung, 23. März 1933, S. 32–34, Berlin 1934.

Historische Einordnung

Bei den Wahlen vom 5. März 1933 gelang es der NSDAP trotz gewaltigen Drucks auf der Straße nicht, die absolute Mehrheit im Reichstag zu erreichen. Für die angestrebte, scheinbar legale Zerstörung des demokratischen Rechtsstaates von Weimar benötigte die Partei daher eine noch stärkere Legitimierung, am besten eine Zweidrittelmehrheit im Parlament. Nur so konnte sie die Verfassung auch „rechtlich korrekt" außer Kraft setzen und das verhasste „System von Weimar" endgültig zerstören.

In der Sitzung vom 23. März 1933 stimmte der Reichstag, bzw. stimmten diejenigen Abgeordneten, die noch erscheinen konnten, dann ganz im Sinne der NSDAP mit einer deutlichen Zweidrittelmehrheit (444 zu 94 Stimmen) dem von der Regierung eingebrachten und von Hitler erläuterten „Ermächtigungsgesetz" („Gesetz zur Behebung der Not von Volk und Reich") zu. Mit ihm konnte die Regierung fortan ohne Zustimmung von Reichstag, Reichsrat und ohne Gegenzeichnung durch den Reichspräsidenten Gesetze erlassen. Damit war die NSDAP scheinbar rechtskonform am Ziel Ihrer Wünsche angelangt, nachdem sie die Demokratie zuvor bereits schwer beschädigt hatte.

Die SPD stimmte als einzige Partei gegen dieses Gesetz. Die Mandate der KPD waren auf Grund der „Reichstagsbrandverordnung" bereits rechtswidrig annulliert worden. Neben den Regierungsparteien NSDAP und DNVP unterstützten auch Zentrum, BVP (Bayerische Volkspartei) und Deutsche Staatspartei (ehemals DDP und DVP) die Regierungsvorlage. Insofern kann man geradezu von einer Selbstaufgabe der deutschen Demokratie sprechen.

In der Rede von Wels bekannte sich allein die deutsche Sozialdemokratie trotz massiver Verfolgung und Einschüchterung durch NSDAP und SA zu den Grundsätzen der parlamentarischen Demokratie – und lehnte das Gesetz ab. Diese Haltung ist in der deutschen Erinnerungskultur bis heute ein wichtiges Symbol für eine freiheitliche Gesinnung in schwierigsten Zeiten. Die Rede gilt daher als ein bedeutender deutscher „Geschichtsort".

Kontext und konkrete Rahmenbedingungen

Die Stimmung in Deutschland war seit Beginn der Weltwirtschaftskrise Ende der 1920er Jahre enorm aufgeheizt. Es dominierten Not, hohe Arbeitslosigkeit, politische Orientierungslosigkeit, Angst vor der Zukunft, aber auch massive Gewalt auf der Straße.

Die Demokratie schien in den Augen vieler Bürger total versagt zu haben, die Sehnsucht nach Führerpersönlichkeiten wie etwa Hindenburg, aber auch Hitler, nahm zu, der allgemeine Wunsch nach einem Systemwechsel verstärkte sich. Eine Regierungsbildung auf parlamentarischer Basis war nicht mehr möglich, und die Zeit der Präsidialkabinette, von dem Reichspräsidenten gestützt, begann.

Das martialische Auftreten der Nationalsozialisten (aber auch der Kommunisten), Terror und Straßenkampf schüchterten die Verteidiger der Demokratie bewusst ein. Trotzdem widerstand die SPD, obwohl sie von allen anderen Parteien, auch den demokratischen, nicht nur am 23. März im Stich gelassen, von den Kommunisten des Verrats an der proletarischen Sache beschuldigt, von einem großen Teil der Wähler verlassen, von der eigenen Wehrorganisation nicht mehr geschützt und von der NSDAP massiv unter Druck gesetzt wurde.

Quelleninterpretation

Überlieferung, Quellensorte und Adressaten

Der hier wiedergegebene Text entspricht dem Stenographischen Protokoll der Reichstagsverhandlungen. Auch akustisch ist die Rede, bis auf die letzten Passagen, überliefert. Zwar sagt auch eine solche (gute) Überlieferung nichts über die Gestik und die Selbstdarstellung des Redners aus, dennoch können die Atmosphäre in der Krolloper, die Stimme des Redners und die Reaktionen des Parlamentes, diese allerdings nur partiell, weil die Qualität der Aufnahme mehr nicht zulässt, erahnt werden.

Die Quellensorte „Parlamentarische Erklärung" der größten gegen die Regierung opponierenden Partei, ist immer, in dieser Ausnahmesituation jedoch von ganz besonderer Bedeutung, obwohl der Redner am 23. März durch das Umfeld in seinen Gestaltungsmöglichkeiten bereits deutlich eingeschränkt war. Immerhin bot sich Wels die letzte Chance, Deutschland und der gesamten Welt die Positionen der deutschen Sozialdemokratie zu vermitteln. Die Partei konnte so den eigenen Anhängern und der deutschen Bevölkerung Mut machen und der Welt das „andere", das „bessere" Deutschland" zeigen. Sie konnte aber zugleich auch versuchen, die Nationalsozialisten ein wenig zu „beruhigen".

Wegen der geradezu einmaligen Bedeutung dieser Erklärung könnte man erwarten, dass sie besonders sorgfältig formuliert worden wäre und eine große Dynamik ausstrahlte. Beides trifft – wenn auch nur in sehr geringem Maße – jedoch nur für den zweiten Teil der Rede zu, der mit den Worten beginnt: „Freiheit und Leben kann man uns nehmen, …". Diese „Zweiteilung" ist von erheblicher Bedeutung.

Die Ausführungen standen im Kontext eines scheinbar normalen parlamentarischen Verfahrens. Wels' Rede folgte auf die Regierungserklärung Hitlers. Dieser kam dann sofort nach Wels wieder zu Wort, um auf dessen Ausführungen zu reagieren. Anschließend gaben die Redner der anderen Parteien sehr knapp – anders als Wels es getan hatte – ihre positive Stellungnahme zu dem Gesetz ab. Auffällig ist, wie gezielt Hitler in seiner Replik auf die Ausführungen von Wels einging. Die besondere Schlagfertigkeit des Kanzlers resultierte allerdings aus der Tatsache, dass er den vorbereiteten Text von Wels bereits kannte.

Ort

Die Rede von Wels wurde nicht im Reichstag, sondern in der Krolloper gehalten, in die das Parlament als provisorischem Ersatz umgezogen war, nachdem der Reichstag wenige Tage zuvor durch einen Brandanschlag schwer beschädigt worden war. Dieser Ortswechsel kann geradezu symbolisch für das Ende des Parlamentarismus stehen, denn in dem neuen „Ersatzdomizil" herrschten bereits die Nationalsozialisten wie überall auf den Straßen Berlins und im ganzen Lande. Von einer freien und fairen Diskussionsbühne war keine Rede mehr.

Über dem Rednerpult hing eine großformatige Hakenkreuzfahne, bewaffnete SA-Männer bewachten die Ein- und Ausgänge, im Verlauf der Sitzung wurden die sozialdemokratischen Abgeordneten von nationalsozialistischen Schlägertrupps umstellt, bedroht und eingeschüchtert. All das widersprach einem demokratischen Verfahren. Obwohl viele sozialdemokratische Abgeordnete aus guten Gründen um ihr Leben fürchten mussten (einige von ihnen waren bereits eingesperrt worden), sich auf der Flucht befanden oder schon ins Ausland geflohen waren, stellte sich der Großteil der Fraktion dieser Herausforderung.

Verfasser

Wichtige Erklärungen einer Partei im Parlament werden in der Regel von einer Gruppe einflussreicher Parlamentarier verfasst. In diesem Fall trägt sie die Handschrift von Otto Wels, Friedrich Stampfer, Ernst Heilmann und Kurt Schumacher. Der Duktus ihres Entwurfes war eher zurückhaltend. In der Diskussion innerhalb der Fraktion hatte sich zudem die Mehrheit der Abgeordneten mit dem Vorschlag durchgesetzt, den Satz zu streichen, in dem gegen den Ausschluss der Kommunisten protestiert wurde. Die NSDAP sollte offenbar nicht unnötig gereizt werden.

Diese eher defensive Tendenz wurde noch dadurch verstärkt, dass sich Wels nicht an dieses vorbereitete Manuskript hielt. Den ersten Teil seiner Rede, in der er ein gewisses Verständnis für die Politik der NSDAP zu zeigen schien und in dem er auf mögliche Gemeinsamkeiten mit den Nationalsozialisten hinwies, hatte er nämlich frei hinzufügt. Das aber konnte auch als eine gewisse, von der Fraktion nicht beabsichtigte, zugleich aber erfolglose Anbiederung an die NSDAP verstanden werden. Wie die Fraktion auf diesen Alleingang reagierte, ist nicht bekannt.

Redner

Otto Wels war als Redner eigentlich nur eine „Notlösung", denn der Fraktionsvorsitzende, Rudolf Breitscheid, hatte sich als krank entschuldigt, da er – von den Nationalsozialisten verfolgt – in Lebensgefahr schwebte. Unter diesen Umständen übernahm der Parteivorsitzende, obwohl gesundheitlich schwer angeschlagen, erst vor kurzem aus dem Sanatorium entlassen und zudem kein besonders talentierter Redner, die Stellungnahme für die Sozialisten.

Wels hatte eine lange politische Karriere in der SPD und den Freien Gewerkschaften vorzuweisen, war aber nie Minister gewesen. Er hatte seine Aufgaben vorwiegend in der Parteiarbeit gesehen. 1919, kurze Zeit als Berliner Stadtkommandant im Amt, machte er erste Erfahrungen mit den revolutionären Arbeitern, was ihn sein Leben lang prägte. Er organisierte später zusammen mit anderen den Widerstand gegen den Kapp-Putsch und gehörte zu den Gründern des Reichsbanners „Schwarz – Rot – Gold". Anfang der 30er Jahre unterstützte er die sozialdemokratische Tolerierungspolitik in der Ära Brüning, trat aber politisch kaum nach außen hervor. In jedem Fall kann er als „gemäßigter" Sozialdemokrat gelten.

Hinweise zur Interpretation

Die Rede von Otto Wels ist ein zentrales Ereignis deutscher Geschichte. Sie stellt in der deutschen Erinnerungskultur weit über die Sozialdemokratie hinaus einen Höhepunkt demokratischen Widerstandes gegen die Machtübernahme durch die Nationalsozialisten dar. Der Mut, den der Redner und die Sozialdemokratie in dieser Situation bewiesen, gilt als herausragend.

Allerding scheint vieles an dieser Rede rätselhaft zu sein. Der Ton wirkt geradezu matt, wenig angriffslustig, eher defensiv, in jedem Fall mehr gebrechlich als offensiv. Das hängt nicht nur mit der mangelnden Qualität der Tonaufnahme und dem Gesundheitszustand des Redners zusammen. Man könnte meinen, dass hier ein „alter Mann", passend zu einem „sterbenden System", den Abgesang der Republik verkündete. Am Ende seiner Rede schien Wels sogar den Tränen nahe gewesen zu sein. Das war menschlich verständlich, wirkte aber nicht gerade selbstbewusst. Eine kraftvolle Verteidigung der Demokratie und der Menschenrechte gegen deren lautstarke und randalierende Zerstörer würde man sich aus heutiger Sicht anders vorstellen.

Auch der vorgetragene Inhalt der Rede – vor allem im ersten Teil, den Wels selbständig dem Fraktionstext hinzugefügt hatte – überrascht aus heutiger Perspektive. Er überdeckte teilweise geradezu die tiefen Differenzen zwischen den autoritären, demokratiefeindlichen Vorstellungen der Nationalsozialisten und denen der Demokraten. Wels griff auch nur mit bedingter Schärfe das Gesetz an, das die Demokratie beerdigte und das die SPD dann als einzige Partei ablehnte. Er vermied eine Provokation der Nationalsozialisten, es gab keinen direkten Aufruf an die Weltöffentlichkeit, um diese aufzurütteln.

Es dominierte vielmehr ein verhaltener Ton, bei dem sogar den Nationalsozialisten scheinbar die versöhnende Hand ausgestreckt wurde. Wie weit das ein letzter Versuch sein mochte, mit einem ruhigen parlamentarischen Ton Eindruck auf die noch schwankenden nichtsozialdemokratischen Mitglieder des Parlamentes zu machen und zugleich den Unterschied zwischen parlamentarischer Diskussionskultur und der Perversion der parlamentarischen Arbeit durch die Nationalsozialisten zu verdeutlichen, muss offen bleiben.

Der Redner versuchte sich – so scheint es – sogar der Politik der Nationalsozialisten anzupassen, stellte Gemeinsamkeiten fest. So wies Wels, genauso wie die Nationalsozialisten, Deutschlands Schuld am Ersten Weltkrieg deutlich zurück. Er betonte, dass es gerade die Sozialisten gewesen seien, die sich als erste gegen diese Schuldzuweisung ausgesprochen hätten. Zudem stimmte er der Forderung nach deutscher Gleichberechtigung im internationalen Konzert voll zu. Auch das sei schon immer ein Wunsch der Sozialdemokraten gewesen.

Solche Ausführungen waren durchaus ungewöhnlich für einen Sozialdemokraten. Sie standen zwar nicht direkt im Widerspruch zur grundsätzlichen politischen Haltung der SPD, die in diesen Fragen immer sehr differenziert, abwägend und auch kontrovers argumentiert hatte. Trotzdem aber konnten die höhnischen Zwischenrufe der Nationalsozialisten nicht überraschen, wenn Wels den „Gewaltfrieden" von Versailles geißelte – und dies als wichtige sozialdemokratische Position darstellte.

Wels bekannte sich auch zur Nation, was gleichfalls als eine Anpassung an die Nationalsozialisten interpretiert werden kann. Er wollte damit allerdings die Deutungshoheit über die Begriffe „Nation“ und „Patriotismus“ nicht allein den Nationalsozialisten überlassen, sondern schrieb sie als Werte allen Deutschen zu. Gerade den Sozialdemokraten war ihre Zugehörigkeit zur deutschen Nation, war ihr deutscher Patriotismus von den Nationalsozialisten immer wieder abgesprochen worden. Dem wollte sich Wels mit seinen Ausführungen dezidiert entgegenstellen.

Allerdings kann die defensive Form der Rede auch als bewusster Kontrapunkt zum nationalsozialistischen Verhalten gedeutet werden. Sie belegt das Respektieren von festgelegten, sachlichen Regeln, von parlamentarischem Stil. Die Ablehnung jeglicher Demagogie, der Verzicht auf Gewaltandrohungen, der Versuch, einen sachlichen Diskurs herzustellen, zeigt dieses Selbstverständnis. Ein Aufruf zu roher Gewalt, demagogische Manipulation oder Bruch der parlamentarischen Ordnung, kamen in Wels Rede nicht vor. Was als Schwäche angesehen werden kann, ist insofern geradezu die Verkörperung von Demokratie. Genau dafür aber stand die Sozialdemokratie.

Der eher zurückhaltende Ton im ersten Teil der Rede könnte schließlich auch damit zusammenhängen, dass Wels hier frei sprach. Die Atmosphäre von Gewalt, der gerade erst erlebte Terror beim Eintritt in die Krolloper, die Präsenz nationalsozialistischer Macht vor Ort, mochten ihn eingeschüchtert haben, so dass er jede Konfrontation vermeiden wollte. Das aber nahm seiner Rede einen Teil der Wirkung, schien sie doch die fundamentalen Unterschiede zwischen Nationalsozialisten und den Verteidigern der Republik etwas zu verwischen.

Insofern offenbarte sich bei dem Versuch, auf die Nationalsozialisten womöglich zuzugehen und mit demokratischem Verhalten Eindruck zu machen – zumindest aus heutiger Sicht –, eine erhebliche Fehleinschätzung der nationalsozialistischen Bewegung und ihres brutalen Extremismus. Sie verdeutlicht die damalige Unfähigkeit (nicht nur) der Sozialdemokraten, die „neue Zeit“ in ihrer Bedrohlichkeit zu erkennen, obwohl sie es nach den Erfahrungen in den letzten Jahren hätten eigentlich besser wissen können – und wie wir es heute nur zu gut wissen.

Die Hoffnung etwa, auch den Nationalsozialismus wie die bismarckschen Sozialistengesetze im Untergrund durch die sozialistischen Organisationen überstehen zu können, erwies sich als ein fataler Trugschluss. Der erfolgreiche Kampf in den 80er Jahren des 19. Jahrhunderts verstellte der Sozialdemokratie ganz offensichtlich den Blick für die viel größeren Gefahren der Gegenwart. Allerdings ahnte wohl keiner der im Parlament sitzenden sozialdemokratischen Parlamentarier, zu welchen Taten die Nationalsozialisten noch fähig sein würden.

Deswegen ist zu betonen: Wels hielt seine sehr kritische Rede in einer höchst explosiven Situation. Er war in Lebensgefahr. Jedes von den Nationalsozialisten als Provokation aufgefasste Wort konnte zu Gewaltexzessen führen. Heldentum konnte hier nichts nutzen und mochte vor allem auch verhindern, dass Wels seine Rede würde beenden können. Trotzdem aber widerstanden er und die Sozialdemokratie diesem Druck.

Beurteilung, Einordnung, Würdigung

Die Rede von Wels ist zweifellos ein zentrales Dokument der Verteidigung der Weimarer Demokratie gegen die Diktatur der Nationalsozialisten. Sie ist daher zu Recht ein wichtiger deutscher Geschichtsort, ein Zeitdokument, das weit über den konkreten historischen Anlass hinaus Bedeutung besitzt. Der Mut und die Entschlossenheit des Redners der einzig verbliebenen parlamentarischen Opposition, die geschlossen gegen das Ermächtigungsgesetz gestimmt hatte, können daher nur hochgeachtet werden.

In der Substanz der Rede zeigte sich die demokratische Standfestigkeit, wurden die Werte von Freiheit, Demokratie, Parlamentarismus, Pressefreiheit und Rechtsstaat offensiv hervorgehoben und gegen die nationalistischen Ideen von einem autoritären Führerstaat verteidigt. Das allein macht die Rede zu einem Meilenstein der Verteidigung einer freiheitlichen demokratischen Gesellschafts- und nicht nur einer engen sozialistischen Ordnung, wie den Sozialisten von den Nationalsozialisten unterstellt wurde. Das Ermächtigungsgesetz zerstörte – so Wels zu Recht – die Grundlagen des Parlamentarismus, für die die SPD stünde.

Der Widerstand der Sozialdemokraten gegen das Hitler-Regime vertraute allerdings auch noch in dieser Sitzung darauf, die Ablehnung des „Ermächtigungsgesetzes“ mit den adäquaten parlamentarischen Mitteln austragen zu können. Parlamentarismus lebte – so ihre Vorstellung – auch von der Einhaltung parlamentarischer Regeln und Formen. Das zeichnete die Sozialdemokraten einerseits als überzeugte Vertreter des Weimarer Parlamentarismus aus, zeigte aber andererseits auch, dass sie das Wesen des Nationalsozialismus – trotz des Terrors, den sie bereits erleben mussten – nicht vollständig erkannt hatten.

Mit der heutigen Kenntnis von dem Wüten der Nationalsozialisten wissen wir, dass die Hoffnung der Sozialisten eine Illusion war, im Diskurs dem Nationalsozialismus begegnen oder etwa im Widerstand weiter agieren zu können. Trotzdem aber ist die Rede ein höchst beeindruckendes Beispiel für den Widerstand gegen ein totalitäres System unter extremen Druck und trotz der Angst um Leib und Leben. Insofern reicht die Bedeutung der Rede weit über den konkreten historischen Anlass hinaus.

Literaturhinweise

Kruke, Anja/Woyke, Meik (Hg.): Deutsche Sozialdemokratie in Bewegung, 1848 – 1863 – 2013, Bonn 2013.

Münkel, Daniela/Steinmeier, Frank-Walter (Hg.): Das Ermächtigungsgesetz 1933. Eine Dokumentation, Berlin 2013.

Wels, Otto: Rede bis Minute 7:23 gehalten am 23. März 1933 in der Krolloper Berlin: https://archive.org/details/19330323AdolfHitlerVs.OttoWels-Reichstagsrede.DebatteUeberDasErmaechtigungsgesetz29m03s (abgerufen am 25. März 2023 um 22:20 Uhr).

WOCHEN
SCHAU
VERLAG

Starter Geschichte

Perspektiven auf das Mittelalter

Der Band bietet wesentliche fachliche und fachdidaktische Grundlagen zur Epoche des Mittelalters und greift dabei neue Forschungstrends und Fragestellungen auf. Vermeintlich klassische Themen wie etwa die Stadt im Mittelalter werden für den Geschichtsunterricht „gegen den Strich gebürstet“: Beispiele sind Córdoba, Venedig und Aleppo.

hg. von Monika Fenn,
Peter Riedel
ISBN 978-3-8252-6214-3,
ca. 240 S., ca. € 24,90
PDF: ISBN 978-3-8385-6214-8,
€ 23,99

Deutungskämpfe

Dieser Band versammelt neue Zugänge, Thesen und Perspektiven zur „zweiten Geschichte“ des Nationalsozialismus. Er erschließt fachwissenschaftliche Debatten, diskutiert ihre didaktischen Anwendungspotentiale und bietet Material für die Unterrichtspraxis, vom Auschwitz-Prozess als Medienereignis bis zu aktuellen Geschichtsdeutungen in den Social Media.

hg. von Manuela Homberg,
Michael Homberg
ISBN 978-3-8252-6213-6,
296 S., ca. € 24,90
PDF: ISBN 978-3-8385-6213-1,
€ 23,99

www.wochenschau-verlag.de www.twitter.com/Wochenschau_Ver www.instagram.com/wochenschau_verlag